Aplicacion de técnicas de clustering
en la recuperación de información web

Aplicación de técnicas de clustering en la recuperación de información web

Montserrat Mateos Sánchez
Carlos García-Figuerola Paniagua

EDICIONES TREA, S. L.

BIBLIOTECONOMÍA Y ADMINISTRACIÓN CULTURAL – 205

Polígono Industrial de Somonte
María González la Pondala, 98, nave D
33393 Somonte, Cenero. Gijón (Asturias)
Tel.: 985 303 801. Fax: 985 303 712
trea@trea.es
www.trea.es

Dirección editorial: Álvaro Díaz Huici
Coordinación editorial: Pablo García Guerrero
Producción: José Antonio Martín
Maquetación: Alberto Gombáu [Proyecto Gráfico]
Cubiertas: Impreso Estudio (Oviedo)
Impresión: Gráficas Apel, S. L. (Gijón)
Encuadernación: Encuadernaciones Cimadevilla, S. L. (Gijón)

Depósito legal: As-167/2009
ISBN: 978-84-9704-403-5

Impreso en España – *Printed in Spain*

A mis padres, por estar siempre
cuando os he necesitado, y a Juanlu,
por tus horas de espera, apoyo
incondicional y comprensión

Prólogo

La Web constituye un enorme espacio de información digital distribuida, en el que los usuarios tienen a su disposición volúmenes ingentes de información heterogénea y dinámica. Para poder buscar y recuperar información pertinente y de interés, se hace imprescindible la utilización de diferentes herramientas que podemos agrupar en dos tipos principales: directorios web y buscadores o motores de búsqueda, siendo estos últimos los más utilizados.

Los buscadores son herramientas específicas para la recuperación de información en la Web, y se han desarrollado adaptando las tradicionales técnicas de recuperación de información a las características propias del entorno web. A pesar de esta especificidad, cuando una consulta no está bien definida o no se plantea de forma adecuada, recuperar información pertinente se convierte en una tarea ardua y difícil, debido sobre todo a la gran cantidad de páginas que se obtienen como respuesta, páginas que producen mucho ruido informativo; por ello, para seleccionar aquellos documentos o páginas que satisfagan su necesidad de información, los usuarios necesitan invertir mucho tiempo en revisar todos los documentos devueltos. Esta situación puede solucionarse en parte si dichas páginas o documentos devueltos por el buscador se presentan agrupados temáticamente, de tal forma que la información de temas relacionados esté ubicada en un mismo grupo; de este modo, el usuario solo tendrá que identificar los grupos que pueden contener información que le sea pertinente o relevante, desechando el resto, lo que implica que deberá revisar menor número de páginas o documentos.

Para agrupar temáticamente las páginas o documentos devueltos por un buscador, se hace necesario el uso de técnicas de clustering o agrupamiento que ofrezcan clusters de calidad en un tiempo aceptable.

En este documento se realiza un estudio de las técnicas de clustering más utilizadas y se aplican a la recuperación de información web. Como resultado, se ofrecen una serie de recomendaciones que pensamos que podrían ser de interés para su aplicación por los diseñadores de motores de búsqueda con la finalidad de mejorar los resultados ofrecidos.

Para llevar a cabo dicho estudio, se propone un sistema para la experimentación de recuperación de información web que incorpora técnicas de clustering, así como un marco de trabajo experimental en el que apoyarnos para realizar el trabajo y obtener resultados adecuados.

Índice general

Índice de tablas

Índice de figuras

Capítulo 1

INTRODUCCIÓN

El contenido de este documento se enmarca en el campo de la recuperación de información, concretamente en el ámbito web. El campo de la recuperación de información lleva muchos años investigándose; ya en la década de los cuarenta comenzaron a realizarse los primeros trabajos, aunque será en las décadas de los setenta y ochenta cuando se realicen trabajos [6, 8, 96] más serios. El gran desarrollo de la Web desde los primeros años de los noventa ha provocado que surja de nuevo un gran interés por el tema.

La Web ha cambiado mucho desde su aparición hasta nuestros días, no solo en cuanto a los formatos de los documentos que podemos encontrar, sino también en cuanto a su tamaño, que, según algunos autores [68], ha tenido un crecimiento que sigue un modelo exponencial. La gran cantidad de información de la que se dispone en la Web provoca que se necesiten herramientas para recuperarla de modo que permita satisfacer cualquier necesidad de información planteada por un usuario. Muchas de estas herramientas se basan en técnicas utilizadas en recuperación de información tradicional adaptadas a las características de la información web (distribuida, volátil, sin estructura, heterogénea y, en muchas ocasiones de baja calidad). Algunas de estas herramientas [6] utilizadas son los *directorios web*,[1] pero quizás las más utilizadas por los usuarios para cubrir una necesidad de información sean los *buscadores*[2] o *motores de búsqueda*.

A pesar de que los *buscadores* son herramientas específicas para entornos web, a la hora de buscar y recuperar información relevante, los usuarios sienten una gran insatisfacción [61, 62, 73], derivada principalmente de la gran cantidad de páginas que obtienen como respuesta, que, casi siempre, son miles; esto hace que tengan que em-

[1] www.yahoo.es - www.yahoo.com - www.dmoz.org.

[2] www.google.es - www.google.com - www.altavista.com - www.lycos.com.

plear mucho tiempo en revisar todos los documentos y seleccionar los que le son pertinentes.

Este problema se puede solucionar si una vez que el motor de búsqueda ha calculado la lista de documentos de la respuesta, crea clusters y agrupa documentos relacionados basándose en la similitud existente entre ellos o, lo que es lo mismo, los documentos relacionados respecto a un cierto tema se emplazan en un mismo grupo y se muestran así al usuario. Esto le ayudará a encontrar los documentos en los que esté interesado de una manera sencilla, sin verse obligado a revisar toda la lista de documentos, ya que, al separar los documentos en grupos temáticos, con revisar uno o dos documentos de cada grupo, podrá determinar qué grupo le interesa descartando el resto.

Estas técnicas de agrupamiento o clustering han sido probadas y evaluadas en algunos trabajos [20, 30], obteniéndose resultados prometedores cuando se han aplicado a colecciones controladas, pero no han sido ampliamente utilizadas en la Web debido a la gran cantidad de recursos que necesitaban y al tiempo de cálculo que requerían para corpus grandes. Algunos trabajos recientes que podemos encontrar en la literatura, emplean técnicas de clustering con los primeros documentos devueltos por un motor de búsqueda,[3] y otros solo utilizan el *snippet*[4] y/o título para realizar los agrupamientos [71, 45, 39, 28], por lo que, en ambos casos, aunque el tiempo de respuesta no sea aceptable, no es un inconveniente, porque el número de documentos no es muy alto y/o la vista lógica de los documentos es pequeña no habiendo ruido.

En este documento se exponen los resultados de evaluar empíricamente la aplicación de técnicas de clustering en la recuperación de información web en un entorno real, donde la colección esté formada por los documentos completos recuperados por un buscador a partir de una consulta planteada por un usuario; se determina por un lado si estas técnicas, en este tipo de entorno tan heterogéneo y en un tiempo aceptable, ofrecen los mismos resultados que con colecciones controladas, y, por otro, determinar entre otros aspectos qué tipo de técnicas prefiere el usuario o cuál es el número de grupos o clusters más adecuado.

Concretamente, se evalúan empíricamente aspectos como los que se citan a continuación:

[3] Pruebas realizadas con www.vivisimo.com (considerada una de las mejores herramientas de recuperación de información web que utiliza clustering) demuestran que nunca llega a recuperar y clusterizar más de cuatrocientos documentos o páginas, a pesar de que se le indique que se desean 500 resultados, que es el número máximo que permite seleccionar.

[4] Pequeña muestra de texto del tamaño de un párrafo aproximadamente, extraído de una página web, donde generalmente se incluyen los términos de búsqueda, y que los buscadores muestran para cada página junto con el título y otras informaciones.

- Determinar si un usuario, al realizar búsquedas en Internet mediante un buscador que utilice técnicas de clustering, obtiene mejores, iguales o peores resultados que sin utilizar clustering.
- Evaluar con qué tipo de técnicas y algoritmos se obtienen mejores resultados. Determinar si el usuario prefiere técnicas que generan una solución plana (con un único nivel de anidamiento) o técnicas jerárquicas (con varios niveles de anidamiento) y, dentro de estas, qué algoritmos son más adecuados.
- Evaluar si el número de clusters podría influir en las búsquedas y, en ese caso, con qué número de clusters se obtienen mejores resultados.
- Indicar si el conocimiento previo del tema o background del usuario podría influir a la hora de realizar la búsqueda y, si es así, determinar cuál sería la técnica más adecuada.

1.1. Contenido

El presente trabajo se ha dividido en cinco capítulos que se exponen a continuación.

En este primer capítulo, además de describir de forma global el trabajo, se determina su contexto: *la recuperación de información web*; se realiza una breve descripción del problema que nos encontramos al utilizar una de las herramientas de búsqueda y de recuperación de información más utilizada para la Web, *los motores de búsqueda*, y se propone como solución la utilización de *técnicas de clustering*.

En el capítulo 2 se hace un breve repaso de las técnicas de recuperación de información tradicionales, recopilando los principales modelos y técnicas propuestas en la literatura, haciendo especial hincapié en las técnicas operacionales, que se han utilizado y se utilizan de forma masiva. Además también se exponen las métricas más utilizadas para la evaluación de un sistema de recuperación de información. Este repaso es importante porque estas técnicas son la base y sobre las que se apoyan muchas otras técnicas específicas aplicadas a la recuperación de información web.

En el capítulo 3 se revisa la situación actual de la Web. Además de exponer las características de la misma, se detallan las herramientas de búsqueda más utilizadas por los usuarios para satisfacer una necesidad de información; por último, se especifican y detallan las deficiencias y problemas identificados que tienen dichas herramientas.

Una vez identificados los problemas que tiene la Web a la hora de recuperar información de interés para un usuario, se propone la utilización de técnicas de clustering. Así, en el capítulo 4, se hace una revisión de las técnicas de clustering o agrupamiento más utilizadas; se describe cómo se podrían aplicar a la recuperación de información y cómo se han aplicado hasta este momento. También se especifican qué características deben tener dichas técnicas y algoritmos para que puedan utilizarse en la Web de forma satisfactoria.

En el capítulo 5 se explica la forma de aplicar dichas técnicas de clustering a la recuperación de información web utilizando motores de búsqueda. Además, se describen un sistema de experimentación propuesto y la forma en la que se ha implementado, así como el marco de trabajo experimental diseñado para realizar los experimentos. Por último, se recogen los resultados obtenidos de aplicar dichas técnicas y se presentan las principales conclusiones.

Capítulo 2

RECUPERACIÓN DE INFORMACIÓN

2.1. Introducción

El problema de la *recuperación de información* (en adelante RI) no es nuevo, los primeros trabajos datan de 1940, y en los años setenta y mediados de los ochenta se realizaron muchos otros, pero quizás debido a la sociedad en la que vivimos, *sociedad de la información y del conocimiento,* y sobre todo a la aparición de la Web, ha resurgido un gran interés por el tema. Durante todo este tiempo, se ha hablado y escrito mucho sobre RI, y así en la literatura podemos encontrar diferentes definiciones de dicho concepto. Por ejemplo para Zazo [118] es «el conjunto de acciones, métodos y procedimientos para la representación, almacenamiento, organización y recuperación de información». Martínez en [82] presenta y revisa muchas otras definiciones dadas por otros autores. Y la norma ISO 5127/2:1983 equivalente a la norma UNE 50-113-91 de Documentación [1], define la RI como «la acción, métodos y procedimientos para recuperar información específica, previamente almacenada».

En definitiva, la RI tiene como objetivo obtener de una colección de documentos, aquellos que satisfacen una necesidad de información planteada por un usuario, de tal forma que la mayor parte de documentos recuperados sean relevantes para dicha necesidad, recuperando solo unos pocos que no son relevantes. Una cuestión muy importante a tener en cuenta es que no solo se deberían recuperar documentos que contienen exactamente las palabras que el usuario introduce en la consulta en la que expresa su necesidad, sino que también se debería recuperar cualquier otro documento que esté estrechamente relacionado con la misma. Esto es, según Navarro o Rijsbergen [86, 108] entre otros, lo que realmente diferencia los conceptos de *recuperación de información* y *recuperación de datos (RD).*

La RD tiene como objetivo encontrar todos los objetos que están claramente definidos, tanto estructural como semánticamente, y que cumplen perfectamente las condiciones de una consulta; la salida del sistema debe ser exacta y un pequeño error en la salida sería fatídico. Por ejemplo, con la siguiente consulta en SQL[1] se recuperarán exactamente la referencia, nombre y precio de los productos rojos cuyo precio es inferior a 10.

```
Select referencia, nombre, precio
from productos
where color='Rojo' and precio <=10
```

En definitiva, un sistema de recuperación de datos recupera información de un sistema gestor de base de datos. Mientras que un *sistema de RI* trabaja normalmente con texto en lenguaje natural, no siempre bien estructurado y hasta incluso semánticamente ambiguo; por ejemplo, con la siguiente consulta podríamos recuperar monumentos tanto de Mérida en España como de Mérida en México y, además, dependiendo del usuario o de la persona, éste considerará que ciertos monumentos son más importantes que otros.

```
Información sobre los monumentos más
importantes a visitar en Mérida.
```

En el resultado o salida del sistema de RI son permitidos pequeños errores, ya que no se conoce cuál es la respuesta correcta, de hecho no existe, ya que es subjetiva y depende de la persona.

La diferencia entre RD y RI es clara, ahora bien, según Zazo [118], puede ser más teórica que práctica, y así lo demuestran en el sistema Karpanta [41, 40] desarrollado por su grupo de investigación; dicho sistema permite recuperar información expresando la consulta en lenguaje natural, pero ha sido implementado utilizando un SGBD (sistema de gestión de bases de datos) relacional.

Al hablar de un sistema de recuperación es muy importante tener en cuenta la/s tarea/s a realizar por el usuario, que, según Baeza y Ribeiro [6], pueden ser de dos tipos: *navegación* y *recuperación*. En la *navegación*, el usuario lanza una consulta poco exhaustiva al sistema e interactuando con él puede recorrer u ojear los documentos ofrecidos; se puede considerar como un proceso de recuperación en el cual no están claramente definidos los objetivos al comienzo y cuyo propósito puede cambiar durante

[1] Structure Query Language.

la interacción con el mismo, mientras que la *recuperación* puede ser *de información* y por tanto el usuario especifica su necesidad de información mediante un conjunto de palabras escritas en lenguaje natural, o bien *de datos*, en cuyo caso, mediante una expresión regular especifica las restricciones que el conjunto de objetos de respuesta debe satisfacer obligatoriamente. En los sistemas de RI web basados en buscadores se combinan estas dos tareas, la navegación y la recuperación, porque el usuario lanza una consulta, habitualmente en lenguaje natural, y recorrerá navegando los documentos ofrecidos en la respuesta.

La recuperación se puede realizar de varias formas; por ejemplo se puede hablar de *recuperación ad hoc*, en la que la colección de documentos permanece estática mientras el sistema recibe diferentes consultas, después el sistema busca aquellos documentos que parecen ser relevantes y, por último, realiza una ordenación según el grado de relevancia. También se puede hablar de *filtrado de documentos* [7], en cuyo caso las consultas permanecen relativamente estáticas y es la colección de documentos la que cambia constantemente. En el filtrado se construye un perfil de usuario describiendo sus preferencias. Este perfil se compara con los documentos que van llegando y, de esta forma, se puede determinar cuáles son los documentos de interés para el usuario.

La tarea de filtrado solo ofrece al usuario los documentos en los que puede estar interesado, pero no le indica cuáles son más relevantes ni hace una ordenación por relevancia de los mismos. Existe una variación del filtrado, el *routing*, que sí realiza dicha ordenación. En el filtrado, aunque no se ofrezca esa ordenación de documentos a los usuarios, sí que se podría realizar internamente para determinar mediante un umbral qué documentos son relevantes.

Un sistema de recuperación debe extraer a partir de los textos de los documentos de una colección información sintáctica y semántica de los mismos y posteriormente usarla para ordenarlos de acuerdo a un grado de relevancia a partir de la consulta de usuario.

Los sistemas de recuperación tradicionales se basan en la utilización de *términos índice*. En principio, cualquier palabra del documento de la colección podría ser considerada como un término índice, ahora bien, se puede simplificar el problema considerando que la semántica de un documento o de una consulta de usuario se puede expresar a través de un conjunto de términos. Al realizar esta simplificación y reemplazar el documento entero por un conjunto de términos índice, la semántica del documento o de la consulta de usuario se pierde; esto provoca que al realizar una operación de búsqueda se recuperen documentos irrelevantes o que el usuario no quiere.

A la forma en que un conjunto de términos índice o palabras clave representan los documentos de una colección, Baeza lo denomina *vista lógica*.

La forma más sencilla y completa es representar un documento por medio de su texto completo, aunque requiere un gran coste computacional. Otra forma de representarlo es por medio de un conjunto reducido de términos índice, que pueden ser generados de forma manual por un experto en la materia de la colección, o bien de forma automática. Esta forma más reducida se obtiene aplicando a los documentos de texto diferentes operaciones: extracción de términos, eliminación de palabras vacías, lematización morfológica, agrupación de palabras representativas por sinónimos, representación de frases, selección de términos, etcetera. Como muestra la figura 1, la aplicación de una o varias de estas operaciones muestran diferentes vistas lógicas que representan las colecciones de documentos que varían desde una vista completa del texto a los descriptores generales de los documentos.

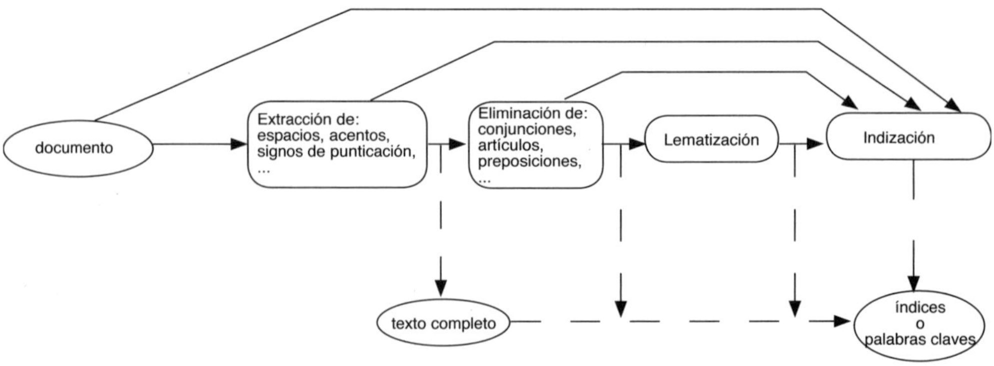

Figura 1: Extracción de términos índice (adaptado de [6])

2.2. El proceso de recuperación

De una forma simplificada, un sistema de recuperación de información (figura 2) [108] consiste en un sistema que tiene como entradas dos elementos: por un lado, una serie de documentos y, por otro, una consulta que expresa la necesidad de información planteada por ese usuario y que obtiene como salida una serie de documentos que responden a la necesidad planteada. Adicionalmente puede haber una operación de retroalimentación al sistema o *feedback*, es decir, el usuario examina los resultados o salida y selecciona un conjunto de documentos como válidos de tal forma que su consulta se modifica para ajustarse mejor a sus necesidades de información.

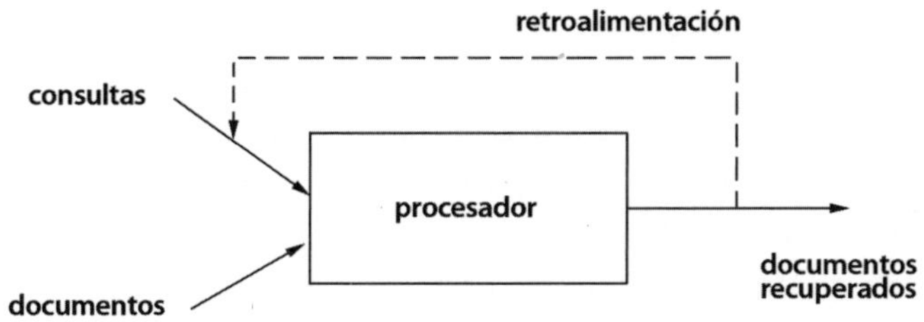

Figura 2: Sistema de recuperación de información (adaptado de [108])

Una arquitectura más detallada propuesta por Baeza [6] para el proceso de recuperación de información se muestra en la figura 3, que cuenta con las siguientes fases:

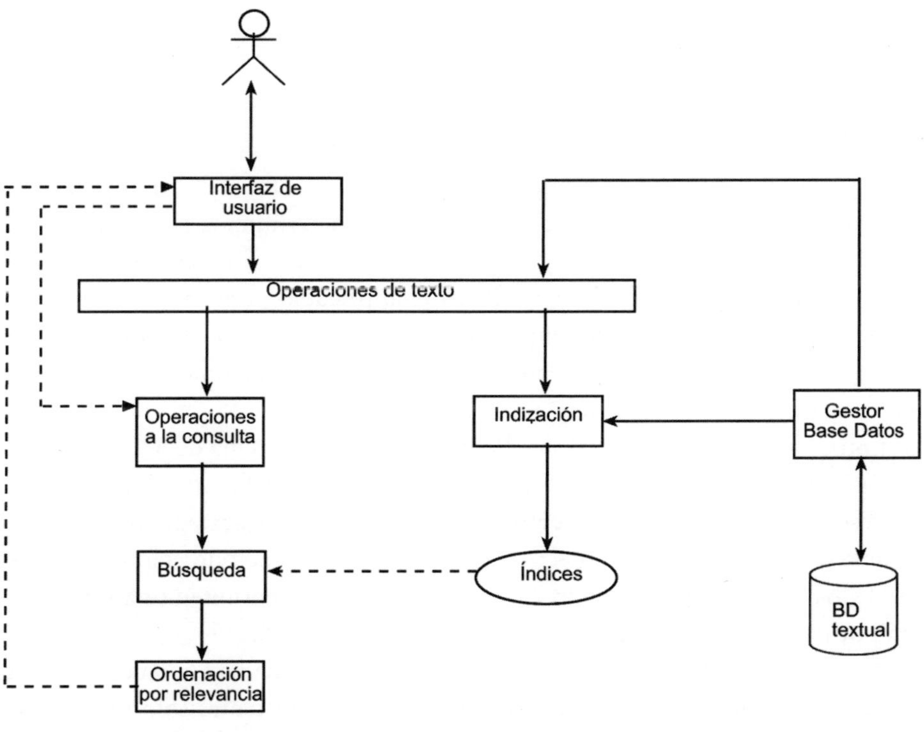

Figura 3: Proceso de recuperación de información (adaptado de [6])

1. El primer paso es representar el conjunto de documentos, es decir, obtener la vista lógica para cada documento; para ello se deben determinar los documentos a usar, las operaciones a realizar sobre el texto y el modelo de texto; una vez que se tiene la vista lógica, habría que crear un índice de texto. En realidad esta primera fase se realizará una única vez para cada documento que se añada a la colección.
2. Definición de las necesidades informativas del usuario.
3. Transformación de dicha necesidad en una consulta válida para el sistema; para ello se utilizarán las mismas operaciones de texto realizadas sobre los documentos.
4. Procesamiento de la consulta y ordenación de los documentos en función del grado de relevancia.
5. Presentación del resultado al usuario.

En este momento, el proceso podría concluir o permitir una retroalimentación al sistema.

2.3. Modelos de recuperación de información

Como ya se ha expuesto, el principal problema de un sistema de RI es predecir qué documentos de la colección son relevantes para una determinada necesidad de información y, según Peña y otros [88], «para determinar esa predicción se establecen premisas de predicción, las cuales podrán ser cuantificadas permitiendo establecer un orden de relevancia entre los documentos seleccionados; el modelo empleado por el sistema en la comparación entre la pregunta/consulta y los documentos condiciona la forma en que estos han de ser indizados, y las distintas premisas es lo que constituye los distintos modelos de información». En definitiva, todo sistema de RI debe diseñarse basándose en un modelo donde debe quedar perfectamente definido «cómo se obtienen las representaciones de los documentos y de la consulta, la estrategia para evaluar la relevancia de un documento respecto a una consulta, los métodos para establecer el orden de los documentos de salida y los mecanismos que permiten una retroalimentación por parte del usuario para mejorar la consulta» [109].

Existen gran cantidad de modelos y diferentes clasificaciones, como se verá más adelante, pero, según Belkin [8], de todos los modelos existentes solo unos pocos se utilizan a gran escala en entornos operacionales y, además, no se obtienen resultados realmente satisfactorios. El resto de modelos o técnicas, que son la gran mayoría, han sido utilizados experimentalmente. Una cuestión muy llamativa es que, en entornos controlados, los modelos experimentales tienen un mayor rendimiento y se obtienen mejores resultados que con los modelos operacionales.

De una manera más formal, un modelo de recuperación, según Baeza y Navarro, es una tupla de la forma $[D, Q, F, R(q_i, d_i)]$, donde D es la representación (o vista lógica) del conjunto de los documentos que forman la colección; Q es la representación (o vista lógica) de las consultas de usuario que representan la necesidad de información del usuario; F es el marco de trabajo para modelar documentos, consultas y sus relaciones; $R(q_i, d_i)$ es la función de recuperación que asocia a una consulta $q_i \in \mathbf{Q}$ y un documento $d_j \in \mathbf{D}$ un número. Esta última permite establecer un orden para los documentos recuperados para la consulta q_i. Con estos elementos primero se define una representación tanto para los documentos como para las consultas de usuario, posteriormente se determina el marco de trabajo en el cual se pueden modelar y, por último se especifica la función de ordenación, la cual se determina a partir del marco de trabajo.

2.3.1, Clasificación de los modelos de RI

Existen diferentes propuestas de clasificación basadas en criterios diferentes. Algunas se basan en el tipo de tarea a realizar por el usuario otras; por el área en el que se encuadran las operaciones a realizar (matemáticas, computacional). Una de las propuestas más recientes es la realizada por Dominich [34], que establece cinco grupos de modelos: clásicos, alternativos, lógicos, basados en la interactividad y basados en la inteligencia artificial.

Belkin [8] realizó otra clasificación basándose en las características del conjunto de documentos recuperados y las representaciones usadas para el documento y la consulta:

- *RI*
  - *Búsqueda exacta*
  - *Búsqueda parcial*
    - *Individual*
      - *Basada en la estructura*
        - *Lógica*
        - *Grafos*
      - *Basada en características*
        - *Formal*
          - *Probabilístico*
          - *Vectorial*
          - *Conjuntos Fuzzy*
    - *Red*
      - *Cluster*
      - *Navegación*
      - *Propagación de una activación*

Con esta clasificación, Belkin admite que algunos modelos podrían pertenecer a más de una categoría.

Sin embargo, quizá una de las clasificaciones más completas y actuales que se puede encontrar es la que realiza Baeza-Yates [6]. Se basa en la tarea inicial que realiza el usuario del sistema, que puede consistir en recuperar información a partir de una consulta, o bien puede consultar información navegando; a partir de esta clasificación dividirá los siguientes modelos por el área al que pertenecen.

- *Tarea usuario*
  - *Recuperación*
    - *Modelos clásicos*
      - *Booleanos teóricos*
        - *Cojuntos difusos*
        - *Booleano extendido*
      - *Vectorial algebráicos*
        - *Vector generalizado*
        - *Indexación semántica latente*
        - *Redes neuronales*
      - *Probabilísticos*
    - *Basados en la estructura*
      - *Listas no solapadas*
      - *Nodos próximos*
  - *Navegación*
    - *Plana*
    - *Estructura guiada*
    - *Hipertexto*

Baeza [6] también incluye otra clasificación adicional de los mismos modelos de RI realizada en función de la tarea inicial que realiza el usuario y la vista lógica de los documentos.

2.4. Modelos clásicos

Los sistemas de recuperación tradicionales se basan en la utilización de términos índice que representan tanto los documentos como la consulta de usuario; como ya se ha comentado, en algunos casos para representar el documento se utilizarán todas las palabras del documento, mientras que en otros casos solo se utilizarán, un conjunto de ellas.

Una vez que se tienen todos los términos índice, hay que determinar la importancia de cada término, ya que no todos describen de igual manera el contenido de un documento. Puede haber términos índice que sean más imprecisos que otros. Para determinar esta cuestión se utiliza el concepto de *peso*, es decir, se asigna a cada término índice un valor numérico, $w_{i,j}$, que cuantifica la importancia del término índice k_i al describir el contenido semántico del documento d_j.

Una cuestión a tener en cuenta en los modelos clásicos es que se asume que los términos índice son mutuamente independientes, es decir, el peso $w_{i,j}$ asociado al término k_i en el documento d_j no dice nada sobre el peso $w_{i+1,j}$ asociado con el par (k_{i+1}, d_j). Esto, obviamente, es una simplificación, ya que no siempre ocurre que los términos no estén correlacionados, ahora bien, esta simplificación va a hacer más sencilla la tarea de calcular los pesos de los términos índice y más rápida la ordenación por relevancia o pertinencia. Por otro lado, tampoco hay estudios que verifiquen claramente que las correlaciones de términos son ventajosas para propósitos de ordenación por relevancia con colecciones generales.

2.4.1 Modelo booleano

El modelo booleano esta basado en la teoría de conjuntos y en el álgebra booleana, lo que hace que sea muy sencillo y muy utilizado en muchos entornos comerciales.

En él, las variables que contienen los pesos de los términos índice son variables binarias, $w_{i,j} \in \{0,1\}$, esto quiere decir que los términos índice o bien están presentes, o bien están ausentes en los documentos, pero no permite una coincidencia parcial.

La consulta de usuario, q, es una expresión booleana conectada por los operadores *and*, *or* o *not*, y viene expresada en su forma normal disyuntiva (*Disjunctive Normal Form - DNF*), $\vec{q}_{dnf}$; donde $\vec{q}_{cc}$ será cualquiera de los componentes conjuntivos de $\vec{q}_{dnf}$.

La similitud de un documento d_j a la pregunta q se define como sigue:

$$sim(d_j, q) = \begin{cases} 1 & si \exists \quad \vec{q}_{cc} \quad | \quad (\vec{q}_{cc} \in \vec{q}_{dnf}) \wedge (\forall_{k_i}, g_i(\vec{d}_j) = g_i(\vec{q}_{cc})) \\ 0 & en otro caso \end{cases}$$

Si $sim(d_j, q) = 1$, entonces el modelo booleano predice que el documento d_j es relevante a la pregunta q; en otro caso se predice que el documento no es relevante.

La ventaja principal del modelo es la simplicidad y el claro formalismo en el que está basado.

Sin embargo tiene algunas desventajas importantes:

- Al estar basado en criterios de decisión binarios, solo puede predecir si un documento es relevante o no, pero no puede determinar el grado de relevancia, ya que considera que todos los documentos tienen la misma importancia para una consulta dada. Esto conlleva a que el sistema basado en este modelo podría recuperar una gran cantidad de documentos o solamente unos pocos. Además esto hace que se aproxime más a un modelo de recuperación de datos que a un modelo de recuperación de información.

- También habría que indicar otra gran desventaja que además puede motivar que el sistema de recuperación no sea eficiente, y es que para un usuario no es fácil elaborar consultas [94], ya que estas se expresan mediante expresiones booleanas y, por tanto, si un usuario no plantea adecuadamente una consulta, será muy difícil que el resultado sea el adecuado.

2.4.2. Modelo Vectorial

El modelo vectorial [95, 92] surge debido a los problemas que planteaba el modelo booleano; con este modelo sí es posible expresar la importancia de cada término índice en el documento y en la consulta, es decir, el peso que se asigna a cada término índice no es binario. Esto permite que, a la hora de calcular el grado de similitud entre cada documento y la consulta, se puedan expresar semejanzas parciales, es decir, que los documentos de la colección se igualen solo parcialmente a los términos de la consulta. El resultado es que la salida del sistema de recuperación es mucho más precisa que la salida proporcionada por el sistema de recuperación que utiliza el modelo booleano. Además, los documentos recuperados pueden mostrarse al usuario ordenados por un grado de relevancia o importancia.

La semántica del documento y la consulta se representan como vectores en un espacio t-dimensional, por lo que, a partir del documento y la consulta, se definen respectivamente los vectores $\vec{d}$, $\vec{d_j} = (w_{1,j}, w_{2,j}, \ldots, w_{t,j})$ y $\vec{q}$, $\vec{q} = (w_{1,q}, w_{2,q}, \ldots, w_{t,q})$, donde t es el número total de términos índice del sistema. Cada ítem del vector o par de la forma (k_i, d_j) o (k_i, q) es el peso que determina la importancia de ese término k_i para representar la semántica del documento o consulta respectivamente, y será un valor positivo y no binario. En la figura 4, está representado el documento que viene dado por el vector $\vec{d} = (3.1, 3.5)$; en este caso tenemos tres términos índice *(drogas, noches, jóvenes)* para expresar la semántica de los documentos del sistema de información. Existen diferentes formas de calcular el peso, como se verá más adelante.

El modelo vectorial para calcular el grado de similitud entre el documento y la consulta utiliza una función que cuantifica la correlación entre los vectores $\vec{d_j}$ y $\vec{q}$; esta función variará entre 0 y 1, por lo que no solo predice si un documento es relevante o no, sino que ordenará los documentos de acuerdo al grado de similitud con la consulta. Esto permite establecer umbrales y recuperar solo documentos respecto a ese umbral.

Hay una gran cantidad de funciones para medir la similitud entre una consulta y los documentos, pero quizás la más utilizada es el producto escalar o su versión norma-

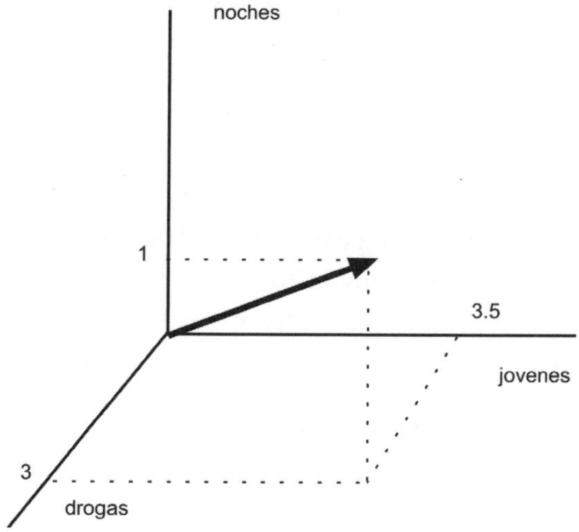

Figura 4: Representación de la semántica de un documento mediante un vector

lizada, denominada *función coseno* [96], que calcula la distancia entre el vector del documento y el de la consulta, es decir, el coseno del ángulo entre los dos vectores; cuando el coseno toma el valor 1, los dos vectores son coincidentes y, por tanto, la similitud es máxima; si no tienen nada en común, serán ortogonales y el valor del coseno será 0.

$$sim(d_j, q) = \frac{\vec{d}_j \bullet \vec{q}}{|\vec{d}_j| \times |\vec{q}|} = \frac{\sum_{i=1}^{t}(w_{i,j} * w_{i,q})}{\sqrt{\sum_{i=1}^{t} w_{i,j}^2} * \sqrt{\sum_{i=1}^{t} w_{i,q}^2}}$$

El factor $|\vec{q}|$ no afecta a la clasificación porque es el mismo para todos los documentos; sin embargo, el factor $|\vec{d}_j|$ nos da una normalización en el espacio de los documentos.

Los pesos $w_{i,j}$ y $w_{i,q}$ tomarán valores entre 0 y 1 y entonces el valor de $sim(d_j, q)$ también variará entre 0 y 1, por lo que, en lugar de predecir simplemente si un documento es relevante o no, el modelo vectorial ordena los documentos de acuerdo al grado de semejanza o similitud respecto a la consulta, y un documento podría ser recuperado incluso si la consulta se asemejara solo parcialmente al mismo.

Posteriormente, Salton y Buckley [93] mejoraron la función anterior modificando el cálculo del peso de la consulta y calculándolo de la siguiente forma:

$$w_{i,q} = (0.5 + (0.5 * tf_{i,q}/maxfreq_q)) * Idf_i$$

donde $tf_{i,q}$ es la frecuencia del término índice i en la consulta q, $maxfreq_q$ es la máxima frecuencia de cualquier término en la consulta q e Idf_i es la frecuencia inversa para el término i. Años después esta función fue modificada [19] y no incluía el factor Idf.

Otras dos medidas de similitud muy utilizadas también son las de *Jaccard* y *Dice* [108]. La medida de Jaccard modifica el denominador para considerar aquellos términos comunes al documento y a la consulta.

$$sim(d_j, q) = \frac{\sum_{i=1}^{t}(w_{i,j} \times w_{i,q})}{\sum_{i=1}^{t} w_{i,j} + \sum_{i=1}^{t} w_{i,q} - \sum_{i=1}^{t}(w_{i,j} \times w_{i,q})}$$

La semejanza de Dice se podría calcular con la función,

$$sim(d_j, q) = \frac{2 \left[\sum_{i=1}^{t}(w_{i,j} \times w_{i,q}) \right]}{\sum_{i=1}^{t} w_{i,j} + \sum_{i=1}^{t} w_{i,q}}$$

Algunas otras funciones para el cálculo de similitud que encontramos en las literatura [88] son el *coeficiente de solapamiento* y la *semejanza antisimétrica,* respectivamente:

$$sim(d_j, q) = \frac{\sum_{i=1}^{t}(w_{i,j} \times w_{i,q})}{\min(\sum_{i=1}^{t} w_{i,j}, \sum_{i=1}^{t} w_{i,q})}$$

$$sim(d_j, q) = \frac{\sum_{i=1}^{t} \min(w_{i,j}, w_{i,q})}{\sum_{i=1}^{t} w_{i,j}}$$

Las principales ventajas del modelo vectorial según Baeza y Ribeiro [6] son:

- El esquema utilizado para el cálculo de los pesos de los términos índice mejora el rendimiento en la recuperación.
- La estrategia utilizada basada en semejanzas parciales permite recuperar documentos que se aproximen a las condiciones de la consulta.
- Permite ordenar documentos de acuerdo al grado de semejanza entre el documento y la consulta.

Se puede considerar como desventaja en el modelo vectorial el hecho de que no tiene en cuenta la dependencia entre términos índice, es decir, se asume que los términos índice son mutuamente independientes. Aunque no está muy claro que sea una desventaja, ya que no se ha demostrado para grandes colecciones que la dependencia entre términos índice aporte ventajas significativas.

2.4.2.1. *Cálculo de los pesos*

Como ya se ha comentado, la asignación de pesos a los términos índice tiene como función asignar más importancia a aquellos que describen mejor un documento o consulta y, por tanto, permitirá mejorar la eficacia del sistema de recuperación.

De una manera más formal, siendo k_i un término índice y t el número de términos índice de la colección, entonces el conjunto $K = \{k_1, k_2, \ldots, k_t\}$ es el conjunto de todos los términos índice y cada término índice k_i de un documento d_j, es decir, el par (k_i, d_j) tiene un peso $w_{i,j} \geq 0$, que será $w_{i,j} > 0$ si ese término índice está presente en el documento, y será 0, $w_{i,j} = 0$ si el término índice no aparece en el documento. Al documento d_j se le asocia un vector de términos índice $\vec{d}_j$, $\vec{d}_j = (w_{1,j}, w_{2,j}, \ldots, w_{t,j})$, donde g_i es una función que devuelve el peso asociado con el término índice k_i en cualquier espacio vectorial t-dimensional, $g_i(\vec{d}_j) = w_{i,j}$.

A lo largo de los años se han propuesto y probado [93] gran cantidad de esquemas de pesado. Pero al hablar de esquemas de pesado, se deben tener en cuenta dos consideraciones. La primera de ellas introducida por Luhn [77], y posteriormente reforzado en [18], es que la frecuencia de uso de una palabra es proporcional a la importancia de ese concepto en el documento o, lo que es lo mismo, si un término aparece frecuentemente en un documento es importante para caracterizarlo. Por ello, la frecuencia de términos puede ser usada como esquema de pesado, es lo que se denomina *term frecuency (tf)* y se computa en función del número de veces que aparece un término en el documento.

Para calcular la frecuencia $tf_{i,j}$ de un término k_i en un documento d_j existen varios esquemas. Algunos de ellos se exponen en la tabla 1.

La segunda consideración a tener en cuenta es que cuando un término tiene una alta frecuencia en todos los documentos de la colección y no solo en unos pocos, entonces se recuperarán casi todos los documentos de la colección, y el resultado será poco útil porque no permitira distinguir un documento de todos los demás. Por tanto, se debe introducir un nuevo factor que favorezca los términos que solo aparecen en unos pocos documentos de la colección; este factor se denomina *inverse document frecuency, idf*, y, en definitiva, refleja la capacidad de discriminación de un término. El *idf* de un término decrece de manera logarítmica cuando aumenta el número de documentos en los que aparece el término, y viceversa. Cuando dos términos tienen igual frecuencia en un documento, se asigna mayor peso a aquel que aparece menos veces en la colección. Este factor fue introducido por Spark Jones [105] y demostró que la recuperación mejora si al calcular el peso se aplica dicho factor, que se calcula como

$$\log_2 \frac{N}{n_i} + 1$$

siendo N el número total de documentos y n_i el número de documentos donde aparece el término k_i.

Algunos otros esquemas para el cálculo del *idf* se incluyen en la tabla 2.

Una combinación de estos dos factores dan lugar al esquema más utilizado para el pesado de documentos [97], el *esquema tf-idf (tf·idf)*.

Además de estos dos factores, Salton y Buckley [93] incluyen un nuevo factor para aplicarlo a la fórmula que calcula el peso y que permite igualar o normalizar el tamaño del documento. Se llama *factor de normalización del documento*. Su utilización es muy importante, sobre todo en colecciones donde los documentos no tienen tamaños homogéneos, es decir, hay unos documentos más extensos que otros; el motivo es que un documento extenso tiene más posibilidades de ser relevante que un documento breve. Hay dos razones principales la primera de ellas es que los documentos extensos suelen utilizar de forma repetida los mismos términos, por lo que el factor *tf* es más grande y esto resultará en una mayor similitud respecto a la consulta. La segunda razón es que los documentos extensos tienen más términos, y por tanto aumentará el número de términos comunes con la consulta. La tabla 3 reúne algunas posibles formas de aplicar dicho factor.

none	$f_{i,j}$
binary	1
max_norm	$\frac{f_{i,j}}{max\_f_j}$
avg_norm	$0.5 + 0.5\frac{f_{i,j}}{max\_f_j}$
square	$f_{i,j} \cdot f_{i,j} = (f_{i,j})^2 = f_{i,j}^2$
log	$\log(f_{i,j}) + 1$
double_log	$\log(\log(f_{i,j}) + 1) + 1$
L-norm	$\frac{\log(f_{i,j}) + 1}{\log(avg\_f_i) + 1}$

Tabla 1: Esquemas para calcular el factor $tf_{i,j}$ de k_i en d_j. $f_{i,j}$ es el número de veces que aparece el término k_i en el documento d_j, max_f_j es el número de veces que aparece el término más frecuente en d_j y avg_f_j es el valor medio de todas las $f_{i,j}$ en el documento d_j

none	1
tfidf	$\log\frac{N}{n_i}$
prob	$\log\frac{N - n_i}{n_i}$
frec	$\frac{1}{n_i}$
square	$[\log\frac{N}{n_i}]^2$

Tabla 2: Esquemas para calcular el factor idf_i del término k_i

none	1
cosine	$\frac{1}{\sqrt{\sum_{i=1}^{t} w_{i,j}^2}}$
sum	$\frac{1}{\sum_{i=1}^{t} w_{i,j}}$
fourth	$\frac{1}{\sum_{i=1}^{t} w_{i,j}^4}$
max	$\frac{1}{max\_w_j}$

Tabla 3: Esquemas para calcular el *factor de normalización* para el peso $w_{i,j} = tf_{i,j} \cdot idf_i$. t es el número de términos de la colección, $w_{i,j}$ es el peso sin normalizar del término k_i en el documento d_j, max_w_j es el valor más alto de peso sin normalizar en el documento d_j

Por último, otro factor muy importante relacionado con el esquema de pesado de términos y que se puede incluir, es un *factor en función del modelo del valor de discriminación del término* [98]; este factor otorga más importancia o más peso a los términos que son capaces de disminuir la similitud entre todos los documentos de la colección. Además, con él se puede determinar si eliminar o incluir un término índice en la colección. Para calcularlo se realiza la diferencia entre la semejanza promedio de la colección sin el término a evaluar y la semejanza promedio de la colección. Si este valor es positivo, el término se debería dejar, ya que es un buen discriminador y hace que la colección sea más heterogénea; ahora bien, si el valor es negativo, entonces ese término no es buen discriminador, ya que hace que la colección sea más homogénea y por tanto sería bueno eliminarlo. Si el término no es ni buen ni mal discriminador, es decir, el valor de la diferencia es cero o muy cercano a cero, entonces ese término se podría dejar para construir por ejemplo términos compuestos.

Es muy interesante incluir este factor en los esquemas de pesado, pero no suele hacerse, debido a que su cálculo se basa en técnicas de clustering y estas son muy costosas computacionalmente.

2.4.3. Modelo probabilístico

Fue introducido en 1976 por Robertson y Sparck Jones [90]; posteriormente sería conocido como modelo *Binary Independence Retrieval* (BIR).

El modelo probabilístico intenta abordar el problema de RI dentro de un marco de trabajo *probabilístico*. La idea fundamental en la que se basa dicho modelo es que dada una consulta de usuario, hay un conjunto de documentos que contiene únicamente los documentos relevantes a la consulta; a este conjunto se le denomina *conjunto de respuestas ideal*. Debido a que las propiedades que describen este conjunto son desconocidas, se genera una descripción preliminar probabilística. Una interacción con el usuario mejora esta descripción preliminar y comienza un proceso iterativo. Dada una consulta de usuario q y un documento d_j de la colección, el modelo probabilístico trata de estimar la *probabilidad* de que el usuario encuentre un documento d_j relevante. El modelo supone que:

- La probabilidad de relevancia depende solo de la representación tanto del documento como de la consulta.
- Del total de documentos hay un subconjunto de ellos que el usuario determina como relevantes para la consulta q; este conjunto, denominado R, es el conjunto de respuesta ideal y debe maximizar la probabilidad global de relevancia para el usuario. Se predice que los documentos en este conjunto R son relevantes a la consulta y que los que no están en dicho conjunto son no relevantes.

En este modelo, dada una consulta q, como medida de similitud con respecto a la consulta, se asigna a cada documento d_j el ratio $P(d_j searelevanteaq)/P(d_j nosearelevanteaq)$, que calcula la probabilidad de que el documento d_j sea relevante a la consulta q.

Se considera que R es el conjunto de documentos inicialmente estimados como relevantes para la consulta q y $\overline{R}$ es el conjunto de documentos inicialmente estimados como no relevantes. $P(R \mid \vec{d}_j)$ es la probabilidad de que el documento d_j sea relevante a la consulta q y $P(\overline{R} \mid \vec{d}_j)$ la probabilidad de que el documento d_j sea no relevante a la consulta q. Por otro lado, $P(\vec{d}_j \mid R)$ expresa la probabilidad de seleccionar aleatoriamente el documento d_j del conjunto de documentos relevantes R, y $P(R)$ expresa la probabilidad de que un documento seleccionado aleatoriamente de la colección de documentos sea relevante. Y por último, $P(\vec{d}_j \mid \overline{R})$ y $P(\overline{R})$ lo contrario a las dos anteriores.

Utilizando la regla de Bayes, y como $P(R)$ y $P(\overline{R})$ son iguales para todos los documentos en la colección, entonces se podría decir que

$$sim(d_j, q) = \frac{P(R \mid \vec{d}_j)}{P(\overline{R} \mid \vec{d}_j)} = \frac{P(\vec{d}_j \mid R) \times P(R)}{P(\vec{d}_j \mid \overline{R}) \times P(\overline{R})} \sim \frac{P(\vec{d}_j \mid R)}{P(\vec{d}_j \mid \overline{R})}$$

Asumiendo la independencia de los términos índice, quedaría

$$sim(d_j,q) \sim \frac{(\prod_{g_i(\vec{d}_j)=1} P(k_i \mid R)) \times (\prod_{g_i(\vec{d}_j)=0} P(\overline{k}_i \mid R))}{(\prod_{g_i(\vec{d}_j)=1} P(k_i \mid \overline{R})) \times (\prod_{g_i(\vec{d}_j)=0} P(\overline{k}_i \mid \overline{R}))}$$

donde $P(k_i \mid R)$ expresa la probabilidad de que el término índice k_i esté presente en un documento seleccionado aleatoriamente del conjunto R, y $P(\overline{k}_i \mid R)$ expresa la probabilidad de que el término índice k_i no esté presente en un documento seleccionado aleatoriamente del conjunto R.

Tomando logaritmos, ignorando los factores que son constantes para todos los documentos en el contexto de la misma consulta y teniendo en cuenta que $P(k_i \mid R) + P(\overline{k}_i \mid R) = 1$ se puede escribir la expresión del modelo probabilístico para ordenar los documentos como sigue:

$$sim(d_j,q) \approx \sum_{i=1}^{t} w_{i,q} \times w_{i,j} \times (\log \frac{P(k_i \mid R)}{1-P(k_i \mid R)} + \log \frac{1-P(k_i \mid \overline{R})}{P(k_i \mid \overline{R})}) =$$

$$= \sum_{k_i \in q \cap d_j} (\log \frac{P(k_i \mid R)}{1-P(k_i \mid R)} + \log \frac{1-P(k_i \mid \overline{R})}{P(k_i \mid \overline{R})}) \qquad (2.2)$$

Los pesos de los términos índice tanto en los documentos como en las consultas son todos variables binarias, es decir, $w_{i,j} \in \{0,1\}$, y $w_{i,q} \in \{0,1\}$, donde $w_{i,j}$ es 1 si k_i aparece en d_j, y 0 si no aparece, e igualmente sería para la consulta.

Por otro lado se necesita un método para calcular las probabilidades iniciales $P(k_i \mid R)$ y $P(k_i \mid \overline{R})$, y una forma de hacerlo sería considerando [6]

- Que $P(k_i \mid R)$ es constante para todos los términos k_i y normalmente igual a 0.5

$$P(k_i \mid R) = 0.5$$

- y,

$$P(k_i \mid \overline{R}) = \frac{n_i}{N}$$

donde n_i es el número de documentos que contienen el término índice k_i y N el número total de documentos en la colección.

Dada esta predicción inicial, podemos recuperar documentos que contienen los términos de la consulta y dar una clasificación inicial probabilística para ellos.

A partir de esta clasificación inicial se puede mejorar la clasificación del modelo probabilístico utilizando:

$$P(k_i \mid R) = \frac{V_i}{V}$$

$$P(k_i \mid \overline{R}) = \frac{n_i - V_i}{N - V}$$

donde V es un subconjunto de todos los documentos recuperados y clasificados inicialmente por el modelo probabilístico que están por encima de un umbral predefinido y V_i es el conjunto de documentos compuesto por aquellos del conjunto V que contienen el término índice k_i.

Este proceso se repetirá y de esta forma se pueden mejorar las predicciones sin intervención humana, aunque también es posible que un usuario seleccione el subconjunto V.

Esta forma de cálculo puede dar problemas para valores pequeños de V y V_i, ($V=1$ y $V_i=0$); para solucionarlo se podrían utilizar las siguientes fórmulas:

- Añadiendo un factor de corrección constante:

$$P(k_i \mid R) = \frac{V_i + 0.5}{V + 1}$$

$$P(k_i \mid \overline{R}) = \frac{n_i - V_i + 0.5}{N - V + 1}$$

- O bien utilizando como factor de corrección $\frac{n_i}{N}$

$$P(k_i \mid R) = \frac{V_i + \frac{n_i}{N}}{V + 1}$$

$$P(k_i \mid \overline{R}) = \frac{n_i - V_i + \frac{n_i}{N}}{N - V + 1}$$

Utilizando como factor de corrección la primera de ellas, se obtiene la ecuación

$$w = \log \frac{(V_i + 0.5)/(V - V_i + 0.5)}{(n_i - V_i + 0.5)/(N - n_i - V + V_i + 0.5)}$$

Como se observa, proporciona el peso para un término del documento, y el valor de similitud entre la consulta q y el documento se calcula con la ecuación 2.2.

La ventaja [6] del modelo probabilístico es que los documentos se ordenarán decrecientemente según su probabilidad de relevancia. Sin embargo se puede decir que tiene varias desventajas:

- La necesidad de predecir inicialmente los conjuntos de documentos relevantes y no relevantes.
- Los pesos son binarios y, por tanto, no se tiene en cuenta la frecuencia con la que un término índice aparece en un documento.
- Considerar que los términos índice son independientes.

2.5. Otros modelos

2.5.1. Modelo booleano extendido

El modelo booleano clásico es muy simple y sencillo, pero ya se ha comentado que tiene ciertos inconvenientes, como no permitir la ordenación por relevancia de los documentos recuperados o los derivados del tamaño de la respuesta, ya que esta podría ser o muy grande o muy pequeña. Esto hace que dicho modelo esté casi en desuso. Una alternativa a este modelo clásico es combinarlo con características del modelo vectorial, lo que lleva al modelo booleano extendido, con el que, además de permitir la formulación de la consulta utilizando operadores booleanos, se incluyen los conceptos de relevancia parcial y peso de los términos índice.

Salton y otros [94] introducen y justifican este nuevo modelo basándose en que el booleano clásico no es el más adecuado, ya que para dicho modelo, dada una consulta del tipo $q = k_x \vee k_y$, un documento que contenga cualquiera de los dos términos es igual de relevante que aquel documento que contenga los dos, y esto no es del todo cierto, ya que sería más relevante aquel que contiene ambos términos; utilizando el mismo razonamiento, algo similar ocurre con consultas que contienen el operador *and*.

En este nuevo modelo, suponiendo que la colección solo tiene dos términos índice, se pueden representar tanto las consultas como los documentos en un espacio de dos dimensiones, es decir, un documento d_j se representa en dicho espacio utilizando los pesos $w_{x,j}$ y $w_{y,j}$ asociados con los pares (k_x, d_j) y (k_y, d_j), respectivamente. Por tanto, el vector $\vec{d}_j = (w_{x,j}, w_{y,j})$ se representa en el plano por el punto $d_j = (x, y)$. Estos pesos podría ser calculados por ejemplo como factores *tf-idf* normalizados con cualquiera de las funciones de la tablas 1, 2 y 3, donde el peso tomará un valor entre 0 y 1.

Considerando lo anterior, se pueden observar las siguientes particularidades:

- Para una consulta del tipo $q_{or} = k_x \vee k_y$, el punto (0,0) indica que los dos términos están ausentes y, por tanto, este punto no es deseable. Esto sugiere que como medida de similitud se utilice la distancia desde el punto (0,0).
- Para una consulta del tipo $q_{and} = k_x \wedge k_y$, el punto (1,1) indica que los dos términos están presentes por tanto, es el punto más deseable. Esto implica que se tome como medida de similitud con respecto a la consulta el complemento de la distancia desde el punto (1,1).

Por tanto, para calcular la semejanza entre la consulta y el documento se utiliza

$$sim(q_{or}, d) = \sqrt{\frac{x^2 + y^2}{2}}$$

$$sim(q_{and}, d) = 1 - \sqrt{\frac{(1-x)^2 + (1-y)^2}{2}}$$

Si consideramos que los pesos de los términos solo pueden tomar los valores 0 y 1, con estas operaciones la medida $sim(q_{or}, d)$ podrá tomar los valores 0, $1/\sqrt{2}$, o 1. Igualmente ocurre con $sim(q_{and}, d)$ que tomará los valores 0, $1 - 1/\sqrt{2}$ o 1.

El modelo expuesto, que utiliza la distancia euclídea de un espacio de dos dimensiones para el cálculo de la semejanza, se puede generalizar para una colección de documentos con un número de términos índice *t* y, en este caso, considerar la distancia euclídea en un espacio t-dimensional. Además, se puede incluir el modelo de p-norma que generaliza el concepto de distancia para no incluir solo la distancia euclídea, sino incluir también p-distancias, donde *p* es un nuevo parámetro cuyo valor se especifica en el momento de especificar la consulta y $1 \leq p \leq \infty$.

Utilizando este modelo generalizado, las consultas se representan de la siguiente manera:

$$q_{or} = k_1 \vee^p k_2 \vee^p \ldots \vee^p k_m$$

$$q_{and} = k_1 \wedge^p k_2 \wedge^p \ldots \wedge^p k_m$$

Y las respectivas semejanzas:

$$sim(q_{or}, d_j) = \left(\frac{x_1^p + x_2^p + \ldots + x_m^p}{m}\right)^{\frac{1}{p}}$$

$$sim(q_{and}, d_j) = 1 - \left(\frac{(1-x_1)^p + (1-x_2)^p + \ldots + (1-x_m)^p}{m}\right)^{\frac{1}{p}}$$

donde cada x_i es el peso $w_{i,d}$ asociado al par (k_i, d_j)

En este modelo, el parámetro p puede tomar valores entre 1 e ∞, y esto hace que la recuperación de los documentos se aproxime a una recuperación vectorial y a una recuperación booleana, respectivamente. Una posibilidad que ofrece este modelo es utilizar combinaciones de valores diferentes del parámetro p en la misma consulta.

El modelo booleano extendido, a pesar de tener muchos años, no ha sido utilizado ampliamente.

2.5.2. Modelo de indexación semántica latente

El modelo de indexación semántica latente (en adelante LSI), desarrollado a finales de la década de los ochenta [31, 43], aporta un importante avance al problema de RI, tanto en el proceso de indización como en el proceso de recuperación [11, 69, 75], ya que intenta resolver el problema que tienen los sistemas de RI tradicionales que realizan búsquedas de términos semejantes en la consulta y en el documento. La mayor parte de las propuestas hasta el momento en que surge LSI se basan en la indización de términos que posteriormente se buscan en documentos; si ese término aparece en el documento, entonces este podrá ser relevante; si no aparece, nunca se incluirá en la lista de documentos relevantes, no existiendo un término medio.

Según los autores del modelo, los sistemas tradicionales tienen algunas deficiencias que ocasionan un grave problema; frecuentemente, los términos por los que los documentos son indizados no son los más adecuados, y puede haber documentos relevantes que no fueron indizados por cualquiera de los términos índice incluidos en la consulta, pero también puede ocurrir que se incluyan en la respuesta muchos documentos no relacionados [44]; concretamente, se presentan problemas de sinonimia[2] y polisemia[3]. Según los autores, las deficiencias son debidas principalmente a los siguientes factores:

- Las técnicas utilizadas para identificar los términos índice no son las más adecuadas debido a que producen listas de términos índice incompletas, es decir, los términos usados para describir o indizar un documento son solo unos pocos de los términos que el usuario puede utilizar para expresar la consulta. Esto es un problema relacionado con la sinonimia y para intentar resolverlo se han realizado trabajos de expansión de términos o la construcción de tesauros, pero no han dado muy buenos resultados.
- Falta de métodos automáticos para resolver la polisemia. Algunas de las propuestas utilizadas para resolver el problema han sido el uso de vocabularios controlados y la intervención de intermediarios humanos; estas soluciones son muy caras y poco efectivas. También se han llevado a cabo trabajos basados en intersecciones booleanas para precisar el significado.
- El tercer problema tiene que ver con la forma de indización y recuperación de la mayor parte de los sistemas, y es que en ellos cada término o palabra índice se trata de forma independiente, es decir, no se tiene en cuenta la correlación de términos.

Deerwester afirma que los usuarios que tienen una necesidad informativa desean recuperar información en base al contenido conceptual, es decir, puede que los términos que introduce el usuario en la consulta no estén en el documento, ahora bien, ese documento, a pesar de ello, sí que podría ser de interés para el usuario debido a que el concepto sería el mismo que busca el usuario. Por eso, en el modelo LSI se introduce el término de *concepto* en lugar del término *índice* y permite la recuperación de documentos incluso cuando estos no están indizados por los términos de la consulta. LSI, para ofrecer como resultado documentos que no contienen los términos especificados en la consulta, se basa en que dos documentos pueden ser semánticamente muy cercanos incluso cuando ellos no comparten ciertos términos índice. Esto lleva a que, donde otros algoritmos fallarían, LSI puede ofrecer documentos relevantes. Para ello, sus autores asumen que hay una estructura semántica latente subyacente en los datos;

[2] Se habla de sinonimia cuando para referirse a un mismo objeto se pueden utilizar varios términos. Los usuarios en diferentes contextos o con diferentes necesidades, conocimientos o hábitos lingüísticos, describen la información utilizando diferentes términos.

[3] Existe polisemia cuando se puede utilizar un mismo término para más de un significado. En diferentes contextos, un mismo término puede variar su significado.

esta estructura semántica se basa únicamente en la coocurrencia de términos en los documentos, es decir, los documentos que tienen muchas palabras en común son semánticamente cercanos y los que tienen pocas son semánticamente distintos. Al organizar la información en una estructura semántica, se recupera solo la información relevante al término que el usuario ha introducido, porque la información es recuperada basándose en el contenido *semántico latente* de los documentos. Con este modelo se examina la colección completa como un todo. Esto hace que dicho modelo simule bastante bien el comportamiento humano a la hora de buscar información [113].

A pesar de que se habla de un modelo semántico, LSI es estrictamente matemático, trata el problema con técnicas estadísticas para estimar la estructura semántica latente, es decir, trabaja solamente con números y no con el significado de los documentos. Esto hace que sea una técnica genérica válida para cualquier lenguaje y cualquier colección.

Al igual que en el resto de modelos, en la indización LSI se empieza por extraer los términos índice que mejor describen cada documento; una vez que se tienen, se crea una matriz llamada *matriz términos-documentos* (MTD), que es una matriz rectangular en la que los términos índice vienen representados en las filas y los documentos en las columnas. Si un documento tiene un término índice concreto, se incluirá en la fila y columna correspondiente un valor que será el peso de ese término en el documento, calculado por cualquiera de las formas vistas en el modelo vectorial. Posteriormente, esta matriz es descompuesta en tres matrices mediante un proceso llamado *Singular Value Decomposition* (SVD) [46], con lo que cada término y documento viene representado por un vector de valores-factor, es decir, esta matriz se descompone en una serie de factores donde cada término o documento se caracteriza por un vector de factores de pesos indicando su importancia respecto a cada uno de los conceptos subyacentes.

Dichas matrices son un desglose de la original en componentes; muchos son muy pequeños y, por tanto, pueden ser ignorados, con lo que se consigue un modelo aproximado que tiene menos dimensiones. En este modelo reducido, la similitud de documentos y términos es aproximado.

Cada objeto (término, documento o consulta) en este modelo puede ser representado geométricamente como un vector en un espacio multidimensional donde la similitud entre dos objetos puede venir dada por el coseno de ambos vectores.

En definitiva, el significado de un término, consulta o documento particular, puede ser expresado por k valores-factor o equivalentemente por la localización de un vector en el $k-espacio$ definido por los factores. Los N términos originales han sido reemplazados por $k < N$ sustitutos por los que pueden aproximarse.

Con ello se intenta representar tanto los términos como los documentos y las consultas, de forma que se evite la falta de fiabilidad, ambigüedad y redundancia de términos individuales como descriptores.

Una consulta, al igual que un documento, se representa mediante un conjunto de palabras o términos y, por tanto, podría ser transformado de la misma forma que los documentos, consiguiendo un vector de factores, llamando a esta representación *pseudo-documento.*

Para devolver un conjunto de potenciales documentos candidatos, el pseudo-documento generado a partir de una consulta se compara con todos los documentos mediante una función de similitud, por ejemplo, la función del coseno, y aquellos que tengan un valor mayor serán los vectores más cercanos y, por tanto, los que serán devueltos. Generalmente se pone un umbral para que solo se devuelvan los más cercanos y no otros.

2.5.2.1. Proceso Singular Value Decomposition

Con dicho modelo, cualquier matriz rectangular puede ser descompuesta en el producto de otras tres matrices, de las cuales S_o es una matriz diagonal.

$$X = T_o S_o D'_o$$

En la figura 5 se puede ver un esquema de dicha descomposición.

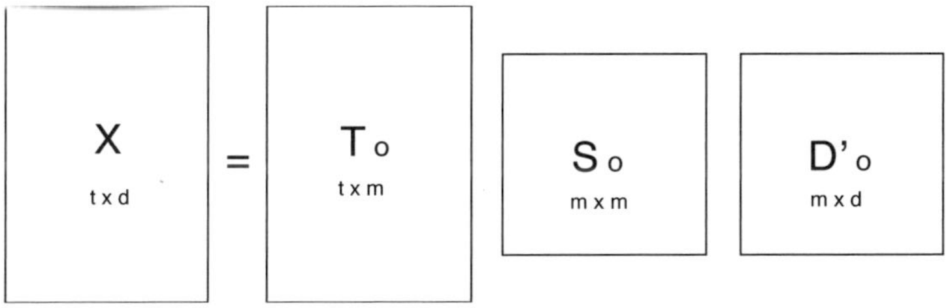

Figura 5: *Singular Value Decomposition* de la matriz *X*. Donde *t* es el número de filas de *X*, *d* es el número de columnas de *X* y *m* es el rango

En general, para $X = T_o S_o D'_o$, las tres matrices deben ser de rango completo ahora bien, SVD permite realizar una aproximación usando matrices más pequeñas. La forma de realizarla es ordenando de mayor a menor los valores de la matriz S_o de tal forma que nos quedamos con los primeros *k* valores más grandes, y los más pequeños los modificamos poniéndolos a 0. El producto de las matrices resultantes es una matriz *Xhihat,* la cual se aproxima a X y es de rango k.

Como se introdujeron ceros en S_o, la representación de las matrices puede simplificarse borrándose las filas y columnas con ceros para obtener de nuevo una matriz diagonal S, y borrando también las respectivas columnas de T_o y D_o para obtener, respectivamente, T y S. El resultado sería una matriz X que se descompone de la siguiente forma, y su representación tal y como se muestra en la figura 6.

$$X \approx Xhihat = TSD'$$

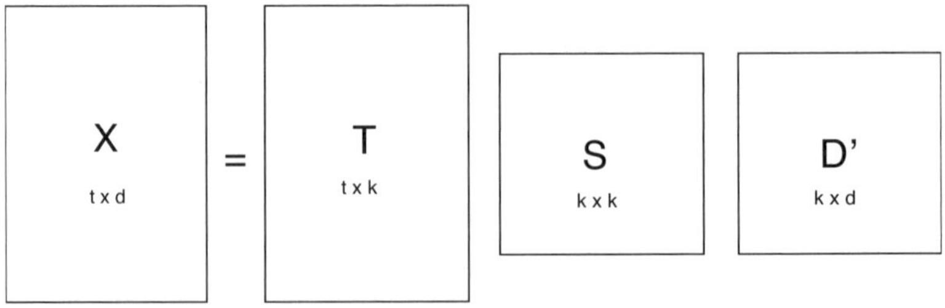

Figura 6: *Singular Value Decomposition* de la matriz X. Donde k es el número de dimensiones (factores) en el modelo reducido, siendo $k <= m$

Esta nueva matriz tiene dos características: la primera de ellas es que casi no tiene ceros, y la otra es que existen valores negativos que indican una gran distancia semántica.

Con esto tendríamos representados los términos índice y los documentos, pero nuestro objetivo es determinar qué documentos son relevantes para una consulta; para ello lo primero que debemos hacer es saber cómo representar una consulta de usuario. Ya se ha dicho anteriormente que una consulta es como un documento, por lo tanto, la consulta se puede representar como un vector de factores. Para poder comparar una consulta con un documento, primero necesitamos el vector de términos X_q y, posteriormente, derivar una representación D_q, de la siguiente forma:

$$D_q = X'_q T S^{-1}$$

Una vez que tenemos una representación de la consulta (en definitiva es un vector en el espacio), se puede ver la similitud de cada documento con la consulta mediante la conocida función del coseno.

Como se ve, la idea principal es mapear cada documento y cada consulta en un espacio dimensional más pequeño asociándolo con *conceptos*, y un documento será recuperado si comparte *conceptos* con otro documento que es relevante a la consulta. Con ello, la recuperación en un espacio reducido podría ser mejor a la recuperación en el espacio de términos índice.

2.5.3. Modelo basado en redes neuronales

La utilización de redes neuronales en el área de RI se comenzó a considerar cuando se obtuvieron resultados al aplicarlas en el reconocimiento de patrones.

Una red neuronal intenta simular el comportamiento del cerebro humano. El cerebro está compuesto por cien mil millones de neuronas que reciben señales de otras neuronas vía conexiones sinápticas. Una neurona, en función de las señales recibidas, envía a su vez señales a otras neuronas por medio del axón. Cada neurona contiene un potencial interno llamado *potencial de membrana* y cuando este excede un cierto valor umbral, la neurona puede transmitir todo su potencial por medio del axón. Una red neuronal está compuesta por nodos o unidades de proceso (neuronas) y arcos (o conexiones sinápticas), y en ella, para simular el comportamiento de la mente humana, se le asigna un peso a cada arco de la red neuronal. El estado de un nodo en la red neuronal viene definido por su nivel de activación, el cual es una función de su estado inicial y de las señales recibidas como entrada; y dependiendo del nivel de activación, se podrá enviar la señal a otro nodo.

Una red neuronal para recuperación de información [110] está compuesta por tres niveles: el primero, para los términos de la consulta; el segundo, para los términos índice de los documentos, y el último, para los propios documentos.

Los nodos que contienen los términos de la consulta son los que inician el proceso de inferencia y los que envían señales a los nodos que contienen los términos de los documentos. Estos últimos, a su vez, son los que podrían enviar señales a los nodos documentos. Con esto se completa una primera fase en la cual la señal viaja desde los nodos de los términos de la consulta a los nodos de los documentos.

Una vez hecho esto, la red neuronal no para, sino que, después de esta primera fase de propagación, los nodos de los documentos podrían volver a generar nuevas señales que se dirigen a los nodos de los términos índice de los documentos. Una vez que los nodos de los términos de los documentos han recibido el estímulo, podrían de nuevo disparar señales hacia los nodos de los documentos, y así sucesivamente (figura 7).

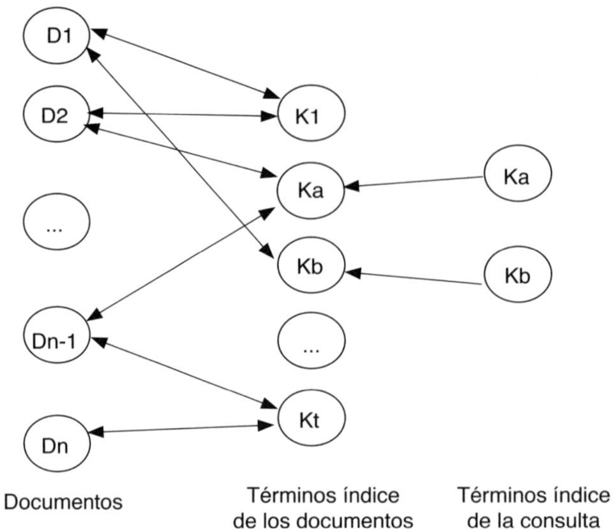

Figura 7: Red neuronal aplicada a la RI

Las señales, en cada iteración, son más débiles hasta que el proceso se detiene, es decir, hasta que no hay propagación de la señal.

Con este proceso se podría activar un documento que no contiene ningún término índice de la consulta.

Al principio, a los nodos de la consulta se les asigna un nivel de activación inicial máximo (igual a 1). Estos nodos envían señales a los nodos que contienen los términos índice de los documentos, que son atenuados al normalizar los pesos de los términos de la consulta $w_{i,q}$. Para una clasificación vectorial, los pesos normalizados se pueden calcular a partir de los pesos definidos por la siguiente ecuación del modelo vectorial:

$$\overline{w}_{i,q} = \frac{w_{i,q}}{\sqrt{\sum_{i=1}^{t} w_{i,q}^2}}$$

Una vez que la señal alcanza los nodos de los términos de los documentos, estos envían nuevas señales atenuadas dirigidas hacia los nodos de los documentos. Para atenuarlas, se normalizan los pesos de los términos de los documentos $w_{i,j}$ calculándolos igual que antes a partir de los pesos definidos por la ecuación del modelo vectorial

$$\overline{w}_{i,j} = \frac{w_{i,j}}{\sqrt{\sum_{i=1}^{t} w_{i,j}^2}}$$

Todas las señales que llegan a un documento se suman, por lo que después de la primera ronda de propagación de la señal, el nivel de activación de los nodos de los documentos asociados a los documentos d_j sería

$$\sum_{i=1}^{t} \overline{w}_{i,q}\overline{w}_{i,j} = \frac{\sum_{i=1}^{t} (w_{i,q} * w_{i,j})}{\sqrt{\sum_{i=1}^{t} w_{i,q}^2} * \sqrt{\sum_{i=1}^{t} w_{i,j}^2}}$$

Para mejorar el rendimiento del sistema de recuperación, la red continúa con el proceso de propagación de la activación después de la primera vuelta. Para hacer el proceso más efectivo, se puede definir un umbral mínimo de activación, de tal forma que los documentos bajo este umbral no envíen señales.

No se ha demostrado [6] que este modelo ofrezca un rendimiento superior al vectorial para colecciones generales ni tampoco ha sido probado ampliamente para grandes colecciones; ahora bien, ofrece una importante ventaja, y es que podría recuperar documentos que no contienen los términos de la consulta.

2.5.4. Modelo de los conjuntos difusos

Este modelo se encuadra dentro de los modelos teóricos, y está basado en la teoría de conjuntos difusos [32], la cual se fundamenta en la representación de clases cuyos límites no están bien definidos. La idea es asociar una función de pertenencia con los elementos de la clase. Esta función tomará valores en el intervalo [0,1], tomando 0 cuando no es perteneciente a la clase y 1 cuando es totalmente perteneciente. Los valores de pertenencia 0 y 1 indican elementos marginales de la clase.

Los conjuntos difusos se utilizan principalmente para representar imprecisión o ambigüedad; se han aplicado en muchos campos, y uno de ellos, aunque no ha llegado a ser muy popular, es la recuperación de información.

En el modelo de conjuntos difusos, los documentos y las consultas se representan mediante conjuntos de palabras clave que producen descripciones que son solo parcialmente afines a los contenidos semánticos de dichos documentos y consultas, por lo que la coincidencia de un documento y los términos de una consulta es aproximada. Se podría considerar que cada término de una consulta define un conjunto difuso, y cada documento tiene un grado de pertenencia en este conjunto.

Un enfoque para modelar la recuperación de información es la utilización de un *tesauro*, es decir, expandir el conjunto de términos índice de la consulta de usuario con términos relacionados que pueden ser obtenidos de él, de tal forma que no solamente se recuperarían documentos que contienen los términos de la consulta, sino que otros documentos con términos relacionados también podrían ser relevantes. Este tesauro se podría construir a partir de la matriz de conexión [87] de palabras clave.

A partir de esta matriz, se define un conjunto difuso asociado a cada término de la colección y, en este conjunto, cada documento tendrá un grado de pertenencia. Un documento pertenecerá al conjunto difuso asociado a un determinado término si sus propios términos están relacionados con dicho término.

El usuario expresa su consulta mediante una expresión booleana que posteriormente se convierte a su forma normal disyuntiva; y el procedimiento para calcular los documentos relevantes es similar al utilizado en el modelo booleano.

El conjunto difuso asociado a la consulta será la unión de los conjuntos difusos asociados a todas las componentes conjuntivas de la consulta.

Este modelo no ha sido muy extendido ni utilizado, y la mayor parte de los experimentos realizados se han hecho con colecciones pequeñas.

2.5.5. Modelo vectorial generalizado

Este modelo, según la clasificación realizada por Baeza, se incluiría dentro de los modelos algebraicos.

Dicho modelo se basa [111] en que los términos índice no tienen por qué ser independientes y asigna un peso a las coocurrencias de términos. Por ejemplo, si dos documentos en la colección contienen exactamente dos términos índice, se puede deducir una dependencia entre ellos.

Este modelo tiene un coste computacional muy elevado en colecciones grandes y, además, algo a tener en cuenta es que no se ha demostrado que la correlación entre términos ofrezca una mejora en el rendimiento de la recuperación.

2.6. Evaluación de la recuperación

Los sistemas de RI son susceptibles de ser medidos. Según Baeza y Ribeiro [6], el tipo de evaluación a llevar a cabo dependerá de los objetivos del sistema de recuperación, pero la primera evaluación a realizar es hacer un análisis funcional que pruebe o teste si el sistema cumple todas las funcionalidades para las que fue concebido. En este análisis también se deben incluir casos de prueba que busquen errores, es decir, casos de prueba que intenten provocar fallos en el sistema y, de este modo, se podrán solucionar los problemas antes de poner el sistema en producción.

Una vez probado que el sistema cumple todas las funciones para las que fue diseñado, se pasa a evaluar el *rendimiento* utilizando medidas de tiempo y espacio; un sistema será mejor cuanto más rápido sea y cuanto menos espacio ocupe, que en este caso es cuanto antes dé una respuesta y cuanto menos espacio ocupen sus índices; pero para evaluar el rendimiento de la recuperación de información también son muy importantes otras métricas, como, por ejemplo, una medida que evalúe cómo es de precisa la ordenación por relevancia que ha realizado el sistema.

Habitualmente, para llevar a cabo la evaluación se utiliza una colección de referencia de prueba y se elegirá alguna medida de evaluación.

La colección de prueba estará compuesta por:

- Una colección de documentos.
- Un conjunto de consultas de ejemplo seleccionadas por especialistas en las distintas materias de las que trata la colección.
- Un conjunto de documentos relevantes para cada consulta ejemplo seleccionados por especialistas. Estos especialistas no conocerán el proceso por el cual la colección de documentos ha sido indizada, ni tampoco las características a evaluar del sistema.

Y por último y a modo de ejemplo, se puede cuantificar la similitud entre el conjunto de documentos recuperados por el sistema y el conjunto de documentos que seleccionaron los especialistas.

2.6.1. Evaluación del rendimiento de la recuperación

El proceso de RI se puede realizar de formas muy diferentes: modo batch, interactuando con el usuario o incluso combinando ambas técnicas; por tanto, el proceso de evaluación de rendimiento también puede ser muy diferente. Por ejemplo, en una sesión interactiva, algunos aspectos críticos que deben ser observados y medidos son: el esfuerzo de usuario, características de diseño de la interfaz, duración de la sesión, etcétera; sin embargo, en una sesión en modo batch, estos parámetros no son importantes. Otro aspecto también a considerar es dónde tendrá lugar la evaluación, si se realiza en un laboratorio o en una situación de la vida real.

2.6.1.1. Medidas para la evaluación de un sistema de recuperación

Exhaustividad y precisión

El concepto de *exhaustividad* hace referencia al grado en que se han encontrado todos los documentos relevantes de la colección, y *precisión* se refiere a la proporción de documentos seleccionados adecuadamente por el sistema. Estas dos medidas introducidas por Cleverdon [23, 24], se han utilizado ampliamente para evaluar el rendimiento de los modelos de recuperación; sin embargo, en más de una ocasión se han expuesto algunos inconvenientes como los siguientes [70, 89, 107]:

- Realizar una adecuada estimación de la medida exhaustividad para una consulta requiere conocer perfectamente todos los documentos de la colección y, en colecciones grandes, no es factible conocer todos los documentos, por lo que la exhaustividad no puede estimarse de una forma precisa.
- Estas dos medidas proporcionan aspectos diferentes de un conjunto de documentos; como ya se verá más adelante, hay situaciones en las que es más aconsejable utilizar una única medida que combine las dos.
- Tanto la exhaustividad como la precisión se utilizan para medir consultas procesadas en modo batch, pero los sistemas más modernos incluyen interoperatividad con el usuario, por lo que será más adecuado utilizar métricas que cuantifiquen varios aspectos del proceso de recuperación, como por ejemplo el tiempo, la facilidad de uso, precisión de usuario, etcétera.
- Cuando el sistema ofrece los documentos recuperados ordenados linealmente, cualquiera de los dos parámetros es fácil de medir; en caso contrario, ambos podrían ser inadecuados.

Dado un sistema de recuperación de información del que se quiere evaluar su estrategia de recuperación utilizando para ello una colección de prueba que tiene un conjunto R de documentos relevantes, siendo $|R|$ el número de documentos, el sistema procesará una consulta de ejemplo Q que generará un conjunto de documentos de respuesta A, siendo $|A|$ el número de documentos del conjunto A y siendo $|Ra|$ la intersección de los conjuntos *R* y *A*, es decir, el conjunto de documentos relevantes que además están en el conjunto de respuesta (figura 8), podemos definir de una manera más formal las medidas exhaustividad y precisión de la siguiente forma:

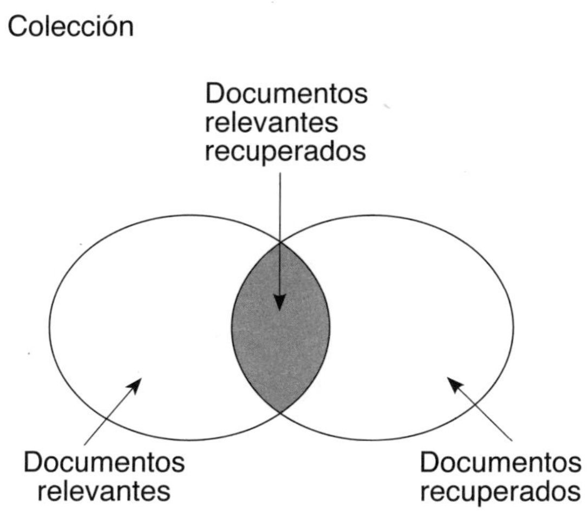

Figura 8: Documentos recuperados, relevantes y relevantes-recuperados para una consulta

Exhaustividad es el número de documentos relevantes seleccionados en la respuesta respecto al total de relevantes.

$$exhaustividad = \frac{|R_a|}{|R|}$$

Precisión es la proporción de documentos relevantes en el total de los recuperados en la búsqueda (seleccionados en la respuesta).

$$precision = \frac{|R_a|}{|A|}$$

Las medidas de precisión y exhaustividad no siempre toman los mismos valores para una consulta, sino que variarán dependiendo de los documentos revisados o examinados por el usuario. En la mayoría de los sistemas, los documentos de salida se le muestran al usuario ordenados de acuerdo al grado de relevancia, y este irá examinando esta lista. Cuando aumente el número de documentos revisados, es más probable obtener todos los documentos relevantes y, por tanto, tiende a aumentar la exhaustividad, pero también es más probable obtener documentos irrelevantes, por lo que la precisión tenderá a disminuir. Cuando el usuario ha revisado todos los documentos relevantes, la exhaustividad tomará el valor máximo (valor 1 o del 100 %), pero la precisión tenderá a bajar. En un sistema ideal, se alcanzaría la exhaustividad máxima sin haber encontrado ningún documento irrelevante y, por tanto, la precisión también tendría el valor máximo, es decir, el sistema de recuperación ideal tomaría tanto precisión como exhaustividad máximas cuando se han encontrado todos los documentos relevantes y ninguno no relevante. Normalmente, los sistemas seleccionan dentro del conjunto de respuesta algunos documentos no relevantes y cuando se aumenta el número de los documentos revisados por el usuario es previsible que aumente la exhaustividad a costa de la precisión. Por esta razón, estas dos medidas utilizadas de forma independiente no son buenas y es más adecuado representar gráficamente la precisión frente a la exhaustividad.

Por ejemplo, supongamos una consulta Q lanzada para recuperar documentos de una colección. Para dicha consulta los expertos han determinado que hay 20 documentos relevantes. Sin embargo, el algoritmo o sistema de recuperación ha recuperado 22 documentos, de los cuales solo los ocho marcados (en la tabla 4) están en el conjunto de documentos considerados como relevantes para los expertos. En esta situación, cuando el usuario examine el primer documento recuperado, se tendrá una precisión del 100 % en un nivel de exhaustividad del 5 %; la precisión es del 100 % ya que de un documento recuperado se tiene un documento relevante. Para el segundo documento recuperado por el sistema, tendríamos nuevamente una precisión de un 100 % (dos documentos recuperados y dos documentos relevantes) con una exhaustividad del 10 % ya que de 20 documentos relevantes, se han encontrado dos. En el tercer documento, la precisión es de un 67 % (tres documentos recuperados y dos documentos relevantes) con una exhaustividad también del 10 %. En el quinto documento se tiene para un nivel de exhaustividad del 15 % una precisión del 60 %. De esta forma se seguirían calculando ambos valores, y la representación gráfica de la precisión frente a la exhaustividad para este caso concreto quedaría como podemos ver en la figura 9.

d1	d7	d13	d19
d2	**d8**	**d14**	d20
d3	d9	**d15**	d21
d4	d10	d16	d22
d5	d11	**d17**	
d6	**d12**	d18	

Tabla 4: Documentos recuperados por el sistema de RI

Como podemos observar, la precisión para niveles de exhaustividad superiores al 40 % se aproxima a 0.

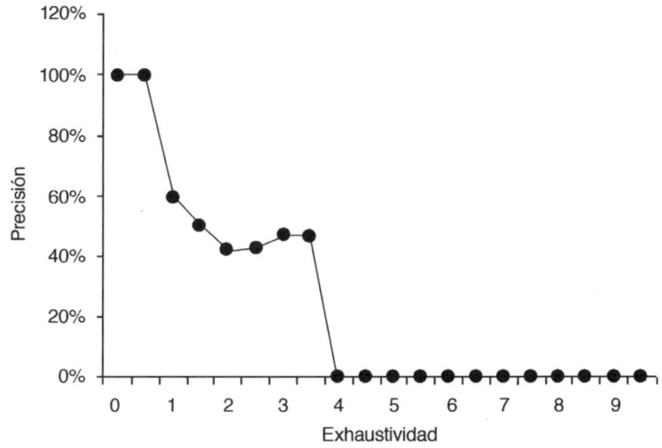

Figura 9: Precisión frente a exhaustividad

Cuando se desea evaluar un modelo de recuperación, normalmente no se evalúa una única consulta como se ha considerado hasta ahora, sino que se ejecutan varias consultas, lo que hace que se generen tantas curvas como consultas se lleven a cabo. Para evaluar el rendimiento de un algoritmo en todas las consultas de prueba se puede calcular la **precisión media** para cada nivel de exhaustividad de la siguiente forma:

$$\overline{P}(r) = \sum_{i=1}^{N_q} \frac{P_i(r)}{N_q}$$

donde N_q es el número de consultas utilizadas y $P_i(r)$ es la precisión en el nivel r de exhaustividad para la i-ésima consulta.

Ahora bien, cuando se quiere calcular la precisión media para diferentes consultas, todas ellas tienen que tener los mismos niveles de exhaustividad, es decir, si las consultas tienen los mismos documentos relevantes, podríamos hacer la representación directamente, ahora bien, lo más habitual es que las consultas tengan diferente número de documentos relevantes. En este caso sería necesario realizar una interpolación y dejar los mismos niveles para todas; normalmente se suelen utilizar 11 niveles (0%,10%,20%,...,100%), por lo que para las consultas que tengan más o menos se tendría que realizar una interpolación; para ello, en cada nivel de exhaustividad, la precisión se calcula como el valor máximo entre el nivel máximo y el siguiente, es decir, si r_j es el nivel estándard j-ésimo de exhaustividad con $j = 0,1,2,\ldots,10$, entonces, el valor de precisión interpolada para ese nivel viene dado por

$$P(r_j) = max_{r_j <= r <= r_{j+1}} P(r)$$

En el ejemplo anterior, la precisión interpolada para el nivel de exhaustividad 100 % se aproxima a 0. Para el nivel 90 % se debe tomar el máximo entre 90 % y 100 %, por lo que se tendría que tomar la precisión mayor de los niveles 90 %, 95 % y 100 %, que al igual que antes también se aproxima 0. Igual ocurre hasta el nivel de exhaustividad 50 %. Para el nivel 40 % tendríamos que tomar el valor máximo de precisión entre los niveles 40 %, 45 %, y 50 %, que es 47 %. Para el nivel 20 % sería el máximo entre 20 %, 25 %, y 30 %, en cuyo caso es 50 %, y así con todos; después de calculados todos, podríamos representar tal y como vemos en la figura 10 la precisión frente a la exhaustividad interpolada.

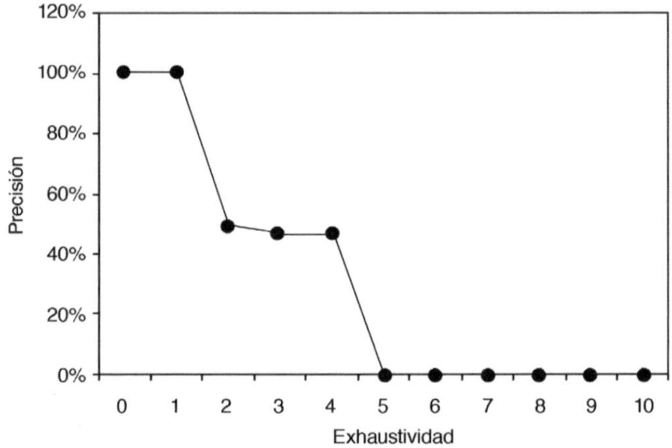

Figura 10: Precisión frente a exhaustividad interpolada para 11 niveles de exhaustividad

La **precisión media frente a la exhaustividad** es una de las estrategias más utilizadas para la evaluación de sistemas de recuperación, pero no es la única, sino que existen otras que resumen a un único valor la precisión frente a la exhaustividad y de esta forma poder comparar el rendimiento de los algoritmos para consultas individuales. Con este tipo de medidas, además, se evita la posible ocultación de anomalías de los algoritmos que se pueden dar con la precisión media sobre muchas consultas.

Precisión promedio al encontrar documentos relevantes

Esta medida genera un único valor, que es el promedio de la precisión en el momento de encontrar cada nuevo documento relevante. Para calcularlo se sumarán las precisiones cuando un nuevo documento relevante es encontrado y esta suma se dividirá por el número de ellas.

Esta medida favorece a los sistemas que recuperan documentos relevantes rápidamente. Hay que tener en cuenta que un algoritmo puede tener una buena precisión media, pero tener un pobre rendimiento en términos de exhaustividad total.

R-precisión

Con esta medida se genera un único valor, que es la precisión en el primer momento que la exhaustividad toma el valor 1 (o del 100 %).

Histogramas de precisión

Este tipo de diagrama de barras permite comparar el rendimiento de recuperación de dos algoritmos mediante una inspección visual rápida; para realizar dichos diagramas, se utiliza la r-precisión para varias consultas y, después, se calcula la diferencia de la r-precisión para cada una de las consultas i

$$RP_{A/B}(i) = RP_A(i) - RP_B(i)$$

siendo $RP_A(i)$ y $RP_B(i)$ los valores r-precisión dados para la i-ésima consulta conseguidos con los algoritmos A y B utilizados en los dos sistemas de recuperación a comparar.

Un valor de $RP_{A/B}(i)$ igual a 0 indica que ambos algoritmos tienen el mismo comportamiento para la i-ésima consulta. Un valor positivo indica que es mejor el primer algoritmo (A); y un valor negativo indica que es mejor el segundo algoritmo (B).

Tablas estadísticas resumen

Las tablas estadísticas van a permitir almacenar valores simples para ofrecer resúmenes estadísticos con respecto al conjunto de todas las consultas implicadas en la tarea de recuperación. Por ejemplo, dentro de estas tablas se pueden incluir, entre otros valores como: número de consultas, número total de documentos recuperados por todas las consultas, número total de documentos relevantes que fueron efectivamente recuperados cuando se tienen en cuenta todas las consultas, número total de documentos relevantes que se podrían haber recuperado por todas las consultas...

Media armónica

La media armónica [102] es una medida que reduce también la precisión y exhaustividad a un único valor:

$$F_j = \frac{2}{\frac{1}{r_j} + \frac{1}{P_j}}$$

donde r_j es la exhaustividad para el documento j-ésimo en la lista ordenada por relevancia, P_j es la precisión para el documento j-ésimo en la lista ordenada y F_j es la media armónica de r_j y P_j para un tamaño determinado j de la respuesta estudiada.

Esta medida tomará valores del intervalo [0,1], tomando 0 cuando no se han recuperado documentos relevantes y 1 cuando todos los documentos ordenados son relevantes.

Medida E

Esta medida E [108] también combina la exhaustividad con la precisión; proporciona un valor único para cada tamaño de la muestra analizada, en la que se puede ponderar la importancia relativa que se da a la precisión y a la exhaustividad.

La idea es permitir al usuario especificar cuál de las dos medidas (precisión o exhaustividad) considera más importante. Por ejemplo, un usuario puede necesitar información general de un tema, por lo tanto, para este usuario la precisión es más importante que la exhaustividad [22]; sin embargo, si el usuario necesita información muy concreta sobre el tema, entonces necesitará una exhaustividad alta:

$$E_j = \frac{1 + b^2}{\frac{b^2}{P_j} + \frac{1}{r_j}}$$

siendo r_j la exhaustividad para el documento j-ésimo en la clasificación, P_j la precisión para el documento j-ésimo en la clasificación, E_j la medida E relativa a la exhaustividad y precisión, y por último b es el parámetro que especifica la importancia relativa que le da el usuario a la precisión y a la exhaustividad. Si $b=1$, precisión y exhaustividad tienen el mismo peso y entonces la medida E coincide con la media armónica. Para valores de b mayores a 1 ($b>1$), el usuario está más interesado en precisión que en exhaustividad, mientras que valores inferiores a 1 ($b<1$) indican que el usuario está más interesado en exhaustividad que en precisión.

Fracaso

Este parámetro mide la capacidad del sistema para recuperar los documentos no relevantes de la colección

$$Fracaso = \frac{documentos\ irrelevantes\ recuperados}{total\ documentos\ irrelevantes}$$

A partir de esta medida, se puede calcular la capacidad de localizar los documentos relevantes frente a la de rechazar irrelevantes (*exhaustividad/fracaso*). Este cociente tomará un valor mayor que 1 si el sistema localiza mejor los documentos relevantes que si rechaza los no relevantes, y tomará un valor menor que 1 en caso contrario.

Medidas orientadas al usuario

Las medidas exhaustividad y precisión no están directamente relacionadas con la satisfacción del usuario al utilizar el sistema de recuperación. El mismo conjunto de documentos recuperados por un sistema para una misma consulta realizada por dos usuarios diferentes puede tener interpretaciones distintas sobre qué documentos son los relevantes, ya que influyen criterios como el nivel previo de conocimientos del usuario, el fin para el que desea esa información, etcétera.

Para solucionar este problema, se han propuesto diferentes medidas orientadas al usuario [70], algunas de ellas son: ratio de cobertura, tasa de novedad, exhaustividad relativa y esfuerzo de exhaustividad.

Para definir todas estas medidas consideraremos una colección de referencia, una consulta de ejemplo Q y una estrategia de recuperación que va a ser evaluada. Siendo R el conjunto de documentos relevantes para Q, A el conjunto de respuesta recuperado, U el subconjunto de R que es conocido para el usuario, siendo $|U|$ el número de documentos de dicho conjunto. La intersección de los conjuntos A y U serán los documentos conocidos por el usuario que fueron recuperados, siendo $|Rk|$ el número de documentos del conjunto intersección, y siendo $|Ru|$ el número de documentos relevantes que fueron recuperados y previamente desconocidos para el usuario.

- **Ratio de cobertura**

  Este parámetro da la proporción de documentos relevantes seleccionados frente a los conocidos por el usuario, es decir,

  $$Cobertura = \frac{|Rk|}{|U|}$$

  Si este parámetro toma valores altos, se puede predecir que el sistema presenta un buen funcionamiento y, por tanto, el resto de documentos seleccionados serán relevantes para el usuario.

- **Novedad**

  La novedad mide la proporción de documentos relevantes desconocidos por el usuario en la muestra

$$Novedad = \frac{|Ru|}{|Ru| + |Rk|}$$

  Una tasa alta de novedad, indica que el sistema está revelando al usuario muchos documentos relevantes nuevos que eran desconocidos para él, por lo que es deseable que la novedad sea alta.

- **Exhaustividad relativa**

  Proporciona la cantidad de documentos relevantes que el sistema ha ofrecido al usuario respecto del número de documentos que él esperaba encontrar

$$Exhaustividad\ relativa = \frac{|R_a|}{número\ de\ documentos\ esperados}$$

- **Precisión del usuario**

  La precisión del usuario ofrece la proporción de documentos que el usuario ha encontrado relevantes en una muestra de tamaño x fijo:

$$Precisión\ usuario = \frac{|R_a|}{x}$$

- **Esfuerzo de exhaustividad**

  Con esta medida se obtiene la proporción entre el número de documentos esperados, y el número de documentos que ha sido necesario examinar para conseguirlos:

$$esfuerzo - e = \frac{documentos\ esperados}{x}$$

Capítulo 3

RECUPERACIÓN DE INFORMACIÓN EN LA WEB

Podría pensarse que tanto la RI en la Web y los sistemas utilizados para llevar a cabo la misma son muy similares a la RI y a los sistemas tradicionales, ya que, en definitiva, las páginas web son documentos y, además, cuando un usuario de Web tiene una necesidad de información, al igual que con otros sistemas de RI, puede expresar dicha necesidad mediante una consulta al sistema para que este le ofrezca las páginas web (documentos) que responden a dicha consulta. Pero las características de la Web hacen que la RI en la misma sea diferente a la RI tradicional. Las técnicas de RI tradicionales son muy anteriores a la Web y fueron diseñadas pensando en documentos estáticos, sin variabilidad espacial, temporal u organizativa, y la Web es todo lo contrario, es un entorno abierto, heterogéneo y cambiante; estas técnicas tradicionales se comenzaron a utilizar de forma extendida para la Web en los años noventa, pero rápidamente se observó que las particularidades de la misma tenían que tenerse en cuenta a la hora de utilizar dichos sistemas.

3.1. Caracterización de la Web

La Web, aunque no siempre ha sido como la conocemos ahora, ya en sus comienzos por el año 1989 era un sistema de hipertexto que buscaba al igual que ahora compartir información en Internet, y así gracias a Tim Berners-Lee, la utilizaron los científicos del CERN[1] como herramienta de comunicación; por aquel entonces y con el desarrollo de la Web surgen el protocolo HTTP[2] para la comunicación y el lenguaje HTML[3] con el que se podían crear páginas web.

[1] Centre European pour la Recherche Nuclearie.
[2] HyperText Transfer Protocol.
[3] HyperText Markup Language.

A pesar de que desde sus orígenes a finales de los ochenta y primeros de los noventa hasta la actualidad el objetivo de la Web ha sido compartir información, no siempre ha sido como la conocemos ahora; desde entonces ha cambiado mucho en dos sentidos. Por un lado, en cuanto a la variabilidad de los formatos que nos podemos encontrar (HTML, XML, ASCII, PDF, PS...), lenguajes y tipos de documentos (imágenes, gráficos, vídeos, música) y, por otro, en cuanto a su tamaño; según Kobayashi [68], su crecimiento sigue un modelo exponencial. En el gráfico de la figura 11 se puede ver el crecimiento[4] de sitios web desde su aparición; hay que tener en cuenta que cada sitio web puede contener varias páginas. En el año 2000 se estimaba que había 27 millones de sitios web con unos 2.000 millones de páginas. De todas ellas, el 40 % [64, 15] cambia cada mes y se duplica su tamaño en nueve meses [4]. Uno de los últimos estudios realizados estima que la Web en España tiene unos 300.000 sitios con más de 16 millones de páginas y que este número es el 2 ‰ del total de las páginas disponibles en el mundo [5].

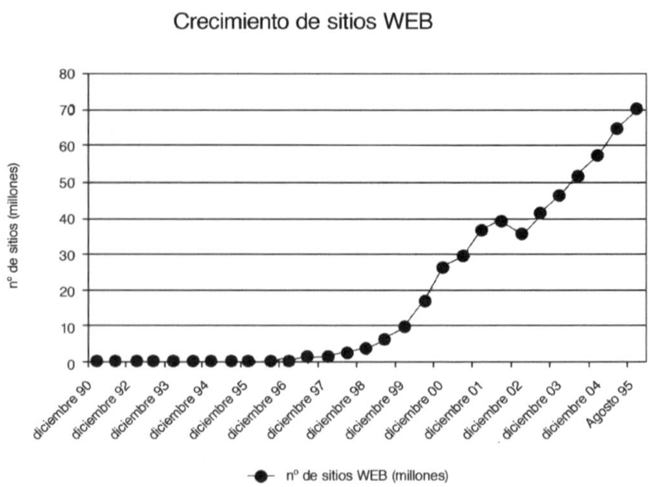

Figura 11: Crecimiento del número de sitios web

También se puede decir que la Web no es uniforme en cuanto al tamaño de las páginas; la mayor parte de ellas [4] tienen un tamaño inferior a 10Kb, siendo el promedio 8Kb, pero también hay una buena cantidad de páginas web grandes.

Se han hecho estudios en los que se verifica que la Web no está muy conectada. Como promedio, una página web principal de un sitio [4] recibe menos de diez enlaces, y de

[4] www.zakon.org/robert/internet/timeline/ (revisado en el 2006).

una página cualquiera salen un promedio de ocho enlaces, aunque la mayor parte de ellos son locales.

En definitiva, en la actualidad la Web se puede considerar como un enorme espacio de información digital distribuida y que, debido al crecimiento exponencial que ha sufrido desde su aparición, provoca que los usuarios tengan a su disposición volúmenes ingentes de información heterogénea y dinámica.

3.2. Problemas de la RI web

Debido a la naturaleza y características de la Web, se pueden identificar algunos problemas que se encuentran a la hora de realizar tareas de búsqueda o de recuperación de información; algunos de ellos están relacionados con la *interacción del usuario* con el sistema de recuperación y la insatisfacción que sienten los mismos cuando los utilizan; dentro de este tipo de problemas podemos identificar básicamente dos. El primero es la dificultad que encuentran los usuarios al especificar o formular la consulta que les resuelva su necesidad de información que, para hacerlo de forma precisa, a no ser que la consulta sea trivial, requiere un esfuerzo por su parte. Y el segundo está relacionado con la respuesta ofrecida por el sistema, ya que la mayor parte de las veces esta respuesta son miles de páginas,[5] manejar esa cantidad de información no es fácil, y al usuario suele resultarle difícil clasificar y seleccionar los documentos en los que realmente está interesado [73]. Por todo ello, de manera general, los usuarios sienten cierta frustración a la hora de encontrar información relevante [62].

Por otra parte, algunos autores, como Baeza-Yates [6], exponen algunos problemas relacionados con los *datos* y que, además, no se pueden resolver mejorando el software, ya que son problemas inherentes a la naturaleza de la Web; entre ellos se pueden destacar:

- **La distribución de los datos** sobre gran cantidad de máquinas de diferentes plataformas y conexiones muy distintas, es decir, los datos están distribuidos en un entorno muy heterogéneo.
- Debido a la facilidad con la que las máquinas y los datos pueden ser añadidos o eliminados, existe una **gran cantidad de información y muy dinámica**, se puede decir que la información disponible en la Web cada vez es mayor (su crecimiento

[5] Cuando se realizan consultas en un buscador, a pesar de que en muchos casos especifica que devuelven miles de páginas como respuesta, realmente solo se puede acceder a mil páginas, es decir, el usuario solamente tiene disponibles mil páginas para realizar las búsquedas.

es exponencial) y que gran parte de ella cambia frecuentemente; se estima que de media una página permanecerá sin cambiar unos setenta y cinco días y que el 40 % de los datos o información web cambian cada mes [64, 15].

- **Información sin estructura, redundante y de baja calidad.** Se estima que aproximadamente el 30 % de la información está repetida textualmente [103, 17, 5], aunque la redundancia semántica puede ser aún mayor. Además, algunos autores afirman que es hipertexto, pero según Baeza la Web no se puede considerar como un hipertexto, ya que cualquier hipertexto tiene un modelo conceptual que organiza y da consistencia a los datos y a los hipervínculos o enlaces, mientras que las páginas web no siguen ningún modelo. Debido también a que nadie se hace responsable de mucha de la información que se puede encontrar, existe gran cantidad de información falsa, desfasada, escrita con errores gramaticales, semánticos y tipográficos [85].
- **Heterogeneidad de los datos:** hay información en múltiples formatos, lenguajes y alfabetos.

3.3. Herramientas para la RI web

Observando las características de la Web se puede decir que es una gran base de datos, sin ninguna estructura, con información repetida y que además crece rápidamente. Por ello buscar información que permita satisfacer una necesidad de información sin ninguna ayuda se convierte en una tarea ardua, lenta y difícil, por lo que se hace imprescindible el uso de herramientas que ayuden a recuperar información que sea útil; se estima [68] que el 85 % de los usuarios utilizan algún servicio de búsqueda y esto ha provocado que la cantidad de servicios de búsqueda disponibles haya aumentado en los últimos años; existen páginas web como www.blueangels.net[6] que tienen listados con herramientas de este tipo.

Debido a estas características se necesitan nuevos métodos y herramientas para gestionar, recuperar y filtrar la información que un usuario necesita rápida y eficazmente [72].

Se podría considerar que básicamente existen dos tipos de herramientas o dos formas diferentes de búsqueda en la Web:

- *Motores de búsqueda.*
- *Directorios web.*

[6] Revisado en septiembre del 2007.

Un sistema o herramienta de recuperación de información web se podrá considerar como un buen sistema o herramienta si es capaz de satisfacer una necesidad de información de un usuario ofreciendo información relevante, pertinente y exacta de forma rápida; aunque, según Chandrasekaran [21], un sistema de recuperación web podría llegar a ser popular si tiene interfaces atractivas, o incluso, si ofrece algún otro servicio adicional, como por ejemplo correo electrónico gratuito.

3.3.1. Motores de búsqueda

Los motores de búsqueda, también llamados *buscadores*, son herramientas que permiten realizar una consulta en una página web y que intentan localizar la información que satisface dicha consulta en una gran base de datos de recursos que están disponibles en la Red y que se han recogido anteriormente a la consulta. Existen una gran cantidad de herramientas de este tipo; algunas de ellas se muestran en la tabla 5:

Buscador	Dirección web
Google	www.google.com
	www.google.es
Altavista	www.altavista.com
Excite	www.excite.com
	www.excite.es
Hotbot	www.hotbot.com
	hotbot.lycos.com
Infoseek	www.infoseek.com
	infoseek.go.com
	go.com
Lycos	www.lycos.com
	www.lycos.es

Tabla 5: Motores de búsqueda

Los algoritmos o técnicas de búsqueda, el proceso de indización y los lenguajes de consulta, entre otros aspectos, para estas herramientas, serán diferentes a los utilizados en RI tradicional; esto es debido a que las consultas en la mayor parte de los casos serán procesadas utilizando únicamente los índices disponibles y sin acceder al texto completo o a la página original, ya que para poderse hacer a texto completo se necesitaría tener almacenada toda la información, lo que implicaría un gran coste de almacenamiento, o bien se debería hacer un barrido por toda la Red, en cuyo caso se tardaría muchísimo tiempo en realizar la consulta.

El reto de una herramienta de recuperación y búsqueda de información web de este tipo es que ante una necesidad de información o consulta planteada por un usuario al sistema, este le ofrezca una respuesta de forma rápida y que además sea manejable, relevante y pertinente; de hecho, uno de los puntos clave para que un sistema de búsqueda llegue a ser popular y satisfactorio, sería el desarrollo de nuevos algoritmos diseñados específicamente para que la recuperación se lleve a cabo de forma rápida y exacta. A pesar de ser este un objetivo buscado desde hace tiempo, no se ha conseguido alcanzar, y así lo demuestra la insatisfacción que sienten los usuarios de la Web al realizar búsquedas, siendo el principal problema que no saben interpretar la respuesta dada por el sistema, ya que la mayor parte de las veces esta está compuesta por miles de páginas y seleccionar los documentos en los que el usuario realmente está interesado no es sencillo.

Un motor de búsqueda, tal y como se puede observar en la figura 12, tiene tres componentes básicos [42]:

- El *crawler* o araña, que es un módulo software que recorre la Web buscando las páginas a indizar.
- El indizador, que es el módulo que añade las páginas recuperadas y leídas a la base de datos, es decir, es el encargado de mantener un índice con la información recogida por el *crawler.*
- El motor de consultas o motor de búsqueda, que es el módulo que realiza las búsquedas en el índice o base de datos.

Adicionalmente, para otros autores como Baeza, tendrían un cuarto componente, que es la *interfaz de usuario*, que se ejecuta en cualquier máquina cliente conectada a Internet y es el lugar en el cual el usuario introduce la consulta y recibe las respuestas que le ofrece el motor de consulta.

Al hablar de motores de búsqueda se pueden distinguir dos tipos de arquitecturas [6]: *centralizadas* y *distribuidas.*

3.3.1.1. Arquitectura centralizada

Con esta arquitectura (figura 12), los tres componentes principales (*crawler*, *indizador* y *motor de consultas*) se ejecutan localmente. En ella el *crawler*, también llamado *robot, spider* o *walker*, envía peticiones a servidores web remotos para posteriormente enviar esta información que recibe a otros servidores principales que serán los encargados de indizarla. El *indizador*, a partir de la información que recibe del *crawler*, crea los índices o base de datos que posteriormente se utilizará para dar respuestas a las consultas. El *motor de consultas* lleva a cabo las búsquedas en el índice y devuelve las urls ordenadas por relevancia a la *interfaz de usuario* para que esta las muestre al usuario.

Esta arquitectura fue utilizada por Altavista[7] en el año 1998, pero muchos otros buscadores utilizan una arquitectura centralizada, como por ejemplo Google[8] [16].

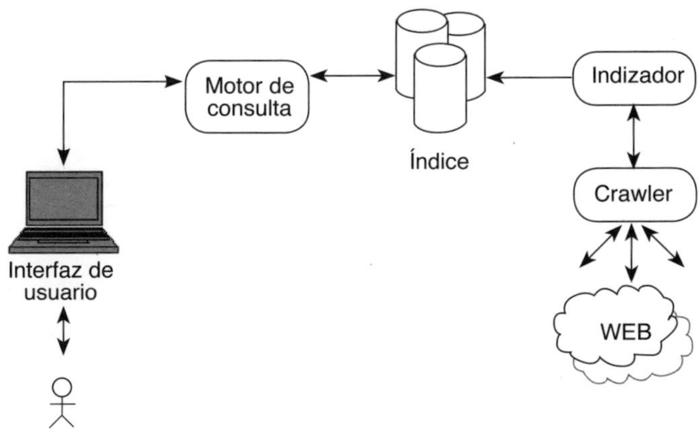

Figura 12: Arquitectura centralizada de un motor de búsqueda (adaptada de [6])

Algunos problemas que plantea este tipo de arquitectura son:

- Debido a que la Web es muy dinámica y además su tamaño crece muy rápidamente, los sistemas no son capaces de indizar toda la Web (los mejores consiguen indizar un 25 %). Esto provoca que mucha información no esté disponible a los usuarios a través de estas herramientas.
- Los servidores Web se ven saturados por peticiones de información que reciben de los *crawlers*, esto es debido a que existen muchos *crawlers* en la Red trabajando de forma independiente, sin cooperar entre ellos y recogiendo redundantemente páginas.
- Por último, los *crawlers* también provocan que la Red se sature; esto ocurre porque para realizar el proceso de indización obtienen toda la página del servidor a pesar de que después desechará casi toda la página web.

7 http://www.altavista.com.
8 http://www.google.es.

3.3.1.2. Arquitectura distribuida

Existen diferentes arquitecturas distribuidas, pero quizás la más relevante sea *Harvest* [14], por lo que a continuación se expondrá dicha arquitectura. Se considera que es distribuida por la forma en que recoge y distribuye los datos.

Utiliza dos nuevos componentes: *gatherer (recolector)* y *broker (agente)*. El *gatherer* recolecta periódicamente páginas web de ciertos servidores web y extrae la información a indizar, y el *broker* es el que realiza la indización, además de extraer información de otros *gatheres* y otros *brokers*; también se encarga de responder a las consultas que realiza el usuario.

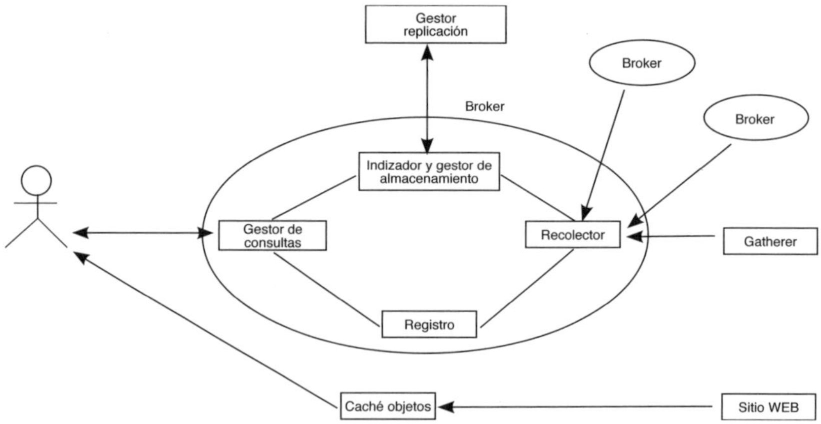

Figura 13: Arquitectura distribuida de un motor de búsqueda (adaptada de [14])

Tanto los *brokers* como los *gatheres* pueden tomar diferentes configuraciones para optimizar tanto la carga de los servidores como el tráfico de la Red. Por ejemplo, un *gatherer* se puede ejecutar en un servidor web, y él mismo encargarse de enviar la información a diferentes *brokers*, evitando de este modo tener que repetir varias veces la recolección de datos y disminuyendo por tanto la cantidad de tráfico. Otra posible configuración sería aquella en la que un *broker* construye índices y envía esos índices a otros *brokers* y así sucesivamente; de esta forma, se evita tener que transmitir tanta información y reindizar tanto.

La arquitectura de *Harvest* tal y como se muestra en la figura 13 también incluye un *manager replicator* o *gestor de replicación* y un *object cache* o *caché de objetos*. Un *replicador* se utiliza para replicar servidores, por ejemplo, se puede replicar el registro de un *broker* en diferentes regiones para permitir un acceso más rápido; pero la replicación también puede usarse para dividir el proceso de recolección entre diferentes servidores web y, posteriormente, replicar entre ellos la información que ha recogido. El *object cache* permite satisfacer de forma más rápida las peticiones, además de reducir la carga del servidor y la Red.

Una de las metas de *Harvest* es construir *brokers* con temas específicos, centrando el contenido de los índices. Su principal problema es que requeriría cooperación por parte de los sitios web.

Esta arquitectura es más eficiente que la centralizada que utiliza *crawlers*.

3.3.1.3. Indización

En la actualidad, la búsqueda en la Web se basa principalmente en lo que se denomina *búsqueda sintáctica* o, lo que es lo mismo, buscar páginas web que contienen las palabras claves o términos con los que el usuario ha especificado la consulta, pero, al igual que en la RI tradicional, puede ocurrir que dichas palabras clave o términos índice no reflejen la semántica del documento. Una técnica de indización alternativa con la que sí se podría obtener la semántica de la página, sería llevando a cabo un preprocesamiento en el que se realizaría un análisis del lenguaje natural; esta técnica tiene un coste muy elevado cuando se trata de gran cantidad de información, como es el caso de la Web.

También al hablar de indización, como ya se ha comentado anteriormente, hay que tener presente que, debido a la variabilidad y el tamaño de la Web, los motores de búsqueda no son capaces de indizar toda la información que hay en la Web. Algunas estadísticas así lo muestran; en las figuras 14 y 15 se puede ver la cantidad de páginas que tienen indizadas algunos motores de búsqueda. En la primera (14) tenemos las páginas web textuales indizadas hasta septiembre del 2003,[9] considerando páginas textuales a ficheros HTML, documentos de texto, ficheros PDF, documentos de Ms Office, y otros documentos similares, no incluyendo ficheros de imágenes, ni ficheros multimedia. La segunda (15) es otra estadística posterior, de finales del año 2004,[10] que incluye los motores de búsqueda que en ese momento cuentan con el mayor número de páginas indizadas.

[9] http://searchenginewatch.com/reports/article.php/2156481 (revisado en el 2004).

[10] http://blog.searchenginewatch.com/blog/041111-084221 (revisado en el 2005).

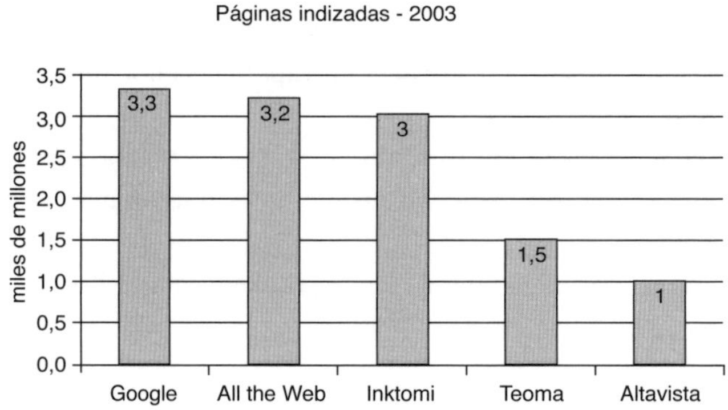

Figura 14: Miles de millones de páginas indizadas por algunos motores de búsqueda en el año 2003

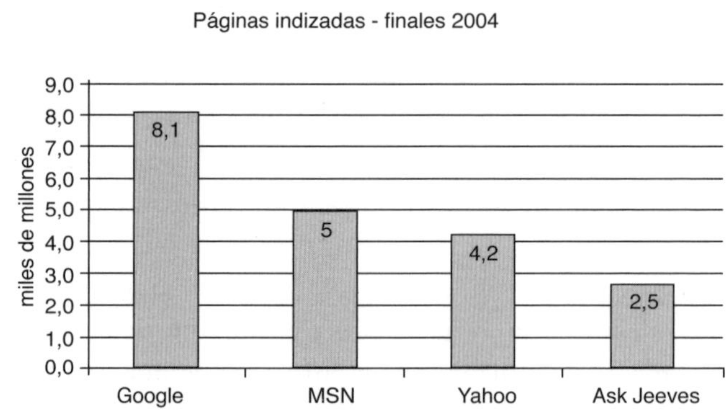

Figura 15: Miles de millones de páginas indizadas por algunos motores de búsqueda a finales del año 2004

En la figura 16 se puede observar la cantidad de páginas indizadas por diferentes motores de búsqueda desde el año 1995 hasta el 2003; como se puede ver, a mediados del año 2000 ningún motor de búsqueda había conseguido indizar más de 500 millones de páginas, frente a los 2.000 millones que se estimaba que había.

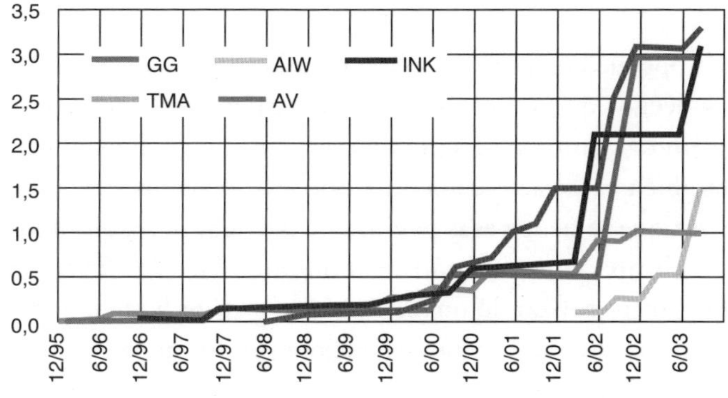

Figura 16: Miles de millones de páginas indizadas por algunos motores de búsqueda desde el 1995 hasta 2003 (GG=Google, ATW=AllTheWeb, INK=Inktomi, TMA=Teoma, AV=AltaVista)

Según [68], existen cuatro posibles formas de realizar la indización de documentos web: manual realizada por expertos, automática, basada en agentes y basada en metadatos (utilizando RDF[11]). Los dos primeros tipos utilizan los mismos métodos y algoritmos que en RI, mientras que los dos últimos no se utilizaban anteriormente y son nuevos para entornos web.

Para almacenar los términos índice, se utiliza al igual que en RI tradicional, ficheros invertidos, pero, en este caso, cada índice, además de una lista con las páginas que lo contienen, tiene información como el tamaño de la página web, la fecha de indización, la primeras líneas de la página, el título, etcétera.

Existen otras versiones de ficheros invertidos que, aunque consumen más espacio de almacenamiento, permiten que se puedan realizar búsquedas por frases o búsquedas por proximidad; en este caso también se almacena la posición dentro de la página donde se encuentra la palabra. Otra versión de índices es la que utiliza *Harvest* [14, 81] en la cual los índices no apuntan a páginas web, sino a bloques de tamaño fijo en los que las consultas se resuelven recuperando una lista de bloques realizando una búsqueda secuencial.

[11] Resource Description Framework.

3.3.1.4. Recorrido de la Web

Los motores de búsqueda recorren la Web para llevar a cabo la indización; para realizar esta tarea y decidir qué sitios visitar, existen diferentes estrategias. Generalmente se comienza por un conjunto de urls populares y, que normalmente tienen muchos enlaces, aunque también es posible comenzar por urls enviadas por administradores de sitios web. Una vez que se tienen esas páginas de partida, se seguirán los enlaces recursivamente, bien realizando un *recorrido en amplitud* o *breadth-first* (cobertura amplia, pero no profunda), bien realizando un *recorrido en profundidad* o *depth-first*. En cualquier caso, siempre se intentará evitar repeticiones o, lo que es lo mismo, visitar una página varias veces. El principal problema que presenta esta tarea es coordinar los diferentes *crawlers* para evitar que recorran las mismas páginas; alguna alternativa que se ha planteado es que los diferentes *crawlers* se repartan los dominios.

Otro aspecto muy importante a tener en cuenta es que el momento en el que un motor de búsqueda recorre la Web e indiza las páginas no es el momento en el que se especifica la consulta, sino que es un momento anterior, por tanto, puede ocurrir que cuando el usuario realice la consulta y reciba las páginas de respuesta, ya no tengan el mismo contenido que cuando se recorrieron e indizaron porque éstas hayan cambiado y por tanto se accedería al contenido actual y no al que tenían en el momento de la indización. Algunos *crawlers* son capaces de aprender la frecuencia de actualización de las páginas e indizan más frecuentemente las más volátiles o las que más se actualizan [25].

Los mejores *crawlers* tardan un mes en recorrer toda la Web y, en muchos casos, nunca llegan a indizar gran parte de la misma.

Ordenación por relevancia

Habitualmente, los motores de búsqueda, al igual que otros sistemas de RI, ofrecen las páginas recuperadas ordenadas por relevancia. Este es un aspecto muy importante y, a pesar de ello, hay muy poca información pública sobre los algoritmos o técnicas utilizados para llevarla a cabo; de todas formas, se piensa que la mayor parte de los motores de búsqueda utilizan el modelo booleano y vectorial aplicados en RI tradicional. Otros autores [114] proponen tres algoritmos alternativos: *boolean spread activation*, *vectorial spread activation* y *the most-cited*; los dos primeros son muy similares al booleano y vectorial vistos en el capítulo 2, pero en este caso el *booleano* es modificado y, para calcular la relevancia de la respuesta del sistema, incluye tanto las páginas apuntadas por las del conjunto de respuesta como las páginas que apuntan a dicho conjunto; el *vectorial* también se modifica, incluyendo para el cálculo las páginas que referencian al conjunto de respuesta; y el último que proponen, el *most-cited*, se basa solo en los términos incluidos en páginas que tienen un enlace que apunta a páginas de la respuesta. Dichos autores realizaron varios experimentos y consideraron que el mejor de todos era el *vectorial*, seguido del *vectorial spread activation*, concluyendo que la interconexión entre páginas web no siempre indica relaciones semánticas entre el contenido de las páginas enlazadas.

Se han propuesto otros algoritmos para la Web que también utilizan la información ofrecida por los enlaces de la páginas; dos de los más populares son *PageRank* [16], utilizado por Google, y *Hits* [67].

PageRank [16] se basa en las características del navegante aleatorio, concretamente es la probabilidad de que este navegante, siguiendo los hipervínculos o enlaces, acabe en una determinada página Web partiendo de una entrada. En este contexto la relevancia de una página está determinada por la probabilidad de que el usuario visite esa página más la relevancia de las páginas que la apuntan. Dada una página a, el *PageRank* se calcula como

$$PR(a) = q + (1 - q)\sum_{i=1}^{n} PR(p_i)/C(p_i)$$

donde q es establecido por el sistema y es la probabilidad de que el usuario se aburra y salte a otra página, y $(1-q)$ la probabilidad de que siga algún enlace de la misma página. $C(a)$ es el número de enlaces salientes de la página a y teniendo en cuenta que la página a esta apuntada por las páginas $p_1 \ldots p_n$.

El *PageRank* se calcula utilizando un algoritmo recursivo.

Cuando se realiza una búsqueda, se seleccionan las páginas que se ajustan con la consulta, es decir, se seleccionan aquellas páginas que contienen los términos índice con los que se ha especificado la consulta, y el orden en el que se muestran, vendrá dado por el *PageRank*, es decir, la respuesta se mostrará ordenada por popularidad.

Otro algoritmo es HITS *(Hypertext Induced Topic Search)* [67]. Con él se genera como respuesta un conjunto de páginas (denominado *conjunto R*) formado por las páginas que contienen los términos índice de la consulta más las que están a un enlace directo o inverso de distancia, es decir, las páginas a las que apunta más las que apuntan a cada página de la respuesta inicial.

A partir del conjunto total de respuesta generado se identifica o crea un pequeño subgrafo al cual se le aplica un análisis de enlaces para localizar para esa consulta, lo que el autor denomina *autoridades* y *hubs*. Llama *autoridades* a las páginas que reciben enlaces desde las páginas del conjunto de respuesta (que deberían tener contenido relevante), y *hubs* a las que apuntan al conjunto de respuesta (deberían apuntar a contenido similar). Existe una relación entre los conceptos *hub* y *autoridad*, ya que una buena *autoridad* es una página que es apuntada por muchos *hubs,* y un buen *hub* es una página que apunta a muchas *autoridades.*

El análisis lo realiza a partir del conjunto de páginas de respuesta R formado por $1,2,...,n$ página y llama $B(i)$ al conjunto de páginas que apuntan a una página i, y $F(i)$ al conjunto de páginas que la página i apunta. Teniendo en cuenta lo anterior, este algoritmo para cada página en el conjunto de respuesta genera dos valores uno para el parámetro *hub* y otro para el parámetro *autoridad,* y los calcula de la siguiente forma

$$h_i = \sum_{j \in F(i)} a_j$$

$$a_i = \sum_{j \in B(i)} h_j$$

siendo a_i y h_i el valor de los parámetros *autoridad* y *hub* de la página i.

Pruebas realizadas con esta técnica demuestran que tanto la precisión como la recuperación cuando mejoran lo hacen sustancialmente [12], aunque también podría ocurrir lo contrario, es decir, que el contenido de las páginas recuperadas no se adecúe a la necesidad de información planteada en la consulta.

3.3.1.5. Evaluación

Realizar una evaluación de un motor de búsqueda o una comparativa entre ellos no es una tarea sencilla debido sobre todo a la falta de información, a las diferencias existentes entre ellos y a las continuas mejoras que estos sufren.

En un principio, para evaluar los diferentes motores de búsqueda y determinar si los resultados ofrecidos por los mismos son adecuados, se pensó en utilizar, al igual que en los modelos clásicos, medidas cuantitativas como la *precisión* y/o *exhaustividad*; sin embargo, algunos autores consideran que estas medidas no tienen mucho interés cuando se habla de la Web, e incluso algunos de ellos afirman que sería imposible medir la exhaustividad debido a la gran cantidad de páginas relevantes recuperadas, aunque sí podría ser interesante medir la precisión de la lista de documentos recuperados en la primera página de la respuesta.

En los sistemas de recuperación web, además del rendimiento del sistema utilizando la precisión, hay otros aspectos interesantes a medir, como por ejemplo el tiempo de respuesta, la calidad de la interfaz [54] y la forma en la que el usuario interactúa con el sistema, tiempo requerido para aprender a utilizar el sistema, tiempo requerido para lograr el objetivo, tasa de error, etcétera.

En la literatura podemos encontrar estudios sobre diferentes medidas [48], pero ninguno concluye nada. Y Hawking [50] expone y comenta otros estudios de evaluación realizados.

3.3.1.6. Interfaz de usuario en los motores de búsqueda

Para algunos autores, como Baeza, la interfaz de usuario es un elemento más del motor de búsqueda y es considerado como un elemento muy importante. En la interfaz de usuario hay dos aspectos muy importantes a tener en cuenta:

- *La interfaz de la consulta* es la interfaz donde el usuario expresa su necesidad de información, es decir, donde introduce los términos que considera más adecuados para realizar la consulta. No todos los motores de búsqueda interpretan de igual manera el texto introducido por el usuario, por ejemplo, algunos interpretan que los términos introducidos tienen que estar todos presentes en la página web; otros, que solo tiene que estar alguno, a veces ofrecen una interfaz avanzada donde introducir operadores lógicos, y otros permiten búsquedas por frase exacta, etcétera; por ello, es importante que el usuario conozca y sepa utilizar correctamente esta parte de la interfaz, ya que, si la consulta está mal formulada, los resultados no serán los adecuados.
- *La interfaz de la respuesta* es la interfaz donde se le muestran al usuario los resultados de la búsqueda. Normalmente será una lista de páginas que pueden estar ordenadas por relevancia. Cada ítem de esta lista incluirá información sobre el documento que representa, como la url, fecha de indización, si está cacheada, un par de líneas mostrando parte del contenido, tamaño... Esta parte es menos crítica, siempre y cuando, al menos, se muestre la información antes citada.

Motor de búsqueda Google

En esta sección se describe el motor de búsqueda que desde nuestro punto de vista es con el que mejores resultados se obtienen al realizar búsquedas, y el cual además, según algunas estadísticas,[12] es el motor de búsqueda más utilizado actualmente tanto en España como en Estados Unidos.

[12] Se posiciona en ambos países como el más utilizado; en España le sigue MSN Search y en tercera posición Yahoo Search!, mientras que en Estados Unidos en segunda posición se encuentra Yahoo Search! y en tercera

Como ya se ha comentado anteriormente, se podría encuadrar dentro de los motores de búsqueda centralizados; su arquitectura y los elementos o módulos que tiene se muestran en la figura 17.

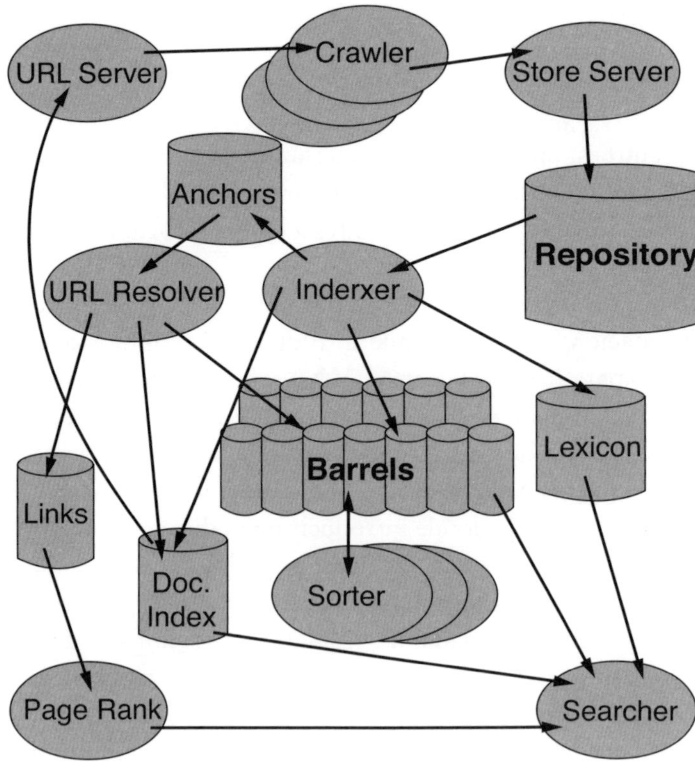

Figura 17: Arquitectura de Google

En la arquitectura de Google [16], el rastreo y recuperación de páginas (*crawling*) lo realizan varios *crawlers* distribuidos, y la lista de urls que tienen que recuperar se la proporciona el *URL server.* Una vez que una página se recupera, se envía al *store server*, que será el encargado de comprimir y almacenar la página en el *repository.* A cada página web cuando es parseada, se le asigna un identificador de documento (*docID*). Posteriormente y una vez que se ha almacenado, se realiza la indización, que la llevarán a cabo

MSN Search. Fuentes: http://searchenginewatch.com/reports/article.php/2156451
http://www.20minutos.es/noticia/87537/0/buscador/Google/internet

el *indexer* y el *sorter*. Concretamente, el *indexer* realiza las siguientes acciones: primero coge del *repository* cada documento, lo descomprime y lo parsea, de tal forma que cada documento lo convierte a un conjunto de ocurrencias de palabras o términos llamados *hits*. Cada *hit* almacena la palabra o término, la posición en el documento y características de la fuente (como el tamaño o la capitalización). Después, el *indexer* almacena los *hits* en un conjunto de *barrels*, creando un índice directo parcialmente ordenado. Por último, también parsea los enlaces de cada página y, en un fichero denominado *anchors file*, almacena de cada uno de ellos el texto del enlace e información para determinar para cada uno adónde apuntan y desde dónde son apuntados.

El *URL resolver* lee del fichero *anchors* las anclas o enlaces y convierte las urls relativas a urls absolutas y además les asigna un *docID*. El texto del enlace o ancla lo incluye en el fichero directo asociado con el *docID* al que el ancla o enlace apunta. Y, por último, también genera una base de datos de enlaces que contiene pares de docIDs y que será utilizada para calcular el *PageRank* de todos los documentos.

Posteriormente, el *sorter*, a partir de los *hits* almacenados en los *barrels* en los ficheros directos ordenados por *docID*, genera ficheros invertidos de *wordIDs*. Además también genera una lista de *wordIDs* y sus *offsets* dentro de los ficheros invertidos.

Por último, un programa llamado *DumpLexicon* coge esta lista junto con el *lexicon* creado por el *indexer* y genera un nuevo *lexicon*, que será el que utilice el motor de consulta. El *motor de consulta o searcher* se ejecuta en un servidor web y, a partir del *lexicon* generado por el *DumpLexicon* junto con el fichero índice invertido y el *PageRank*, responde a las consultas.

Las características más significativas de este motor de búsqueda son:

- Utiliza la información de los enlaces o hipervínculos de cada página para calcular la relevancia.
- Utiliza los enlaces y el texto de los mismos para mejorar los resultados de la búsqueda. Además, Google, a diferencia del resto de motores de búsqueda que asocian el texto de un enlace con la página en la que aparece, asocia el texto de un enlace con la página a la que apunta. Esto tiene el inconveniente de que puede devolver páginas inexistentes, ya que no han sido recuperadas nunca, pero tiene ciertas ventajas, como, por ejemplo, que el texto de los enlaces proporcione descripciones sobre el contenido de las páginas o que puedan existir enlaces a documentos como imágenes, direcciones de e-mail, aplicaciones, etcétera. que no pueden ser indizadas por motores de búsqueda textuales y que permite devolver documentos en las búsquedas que no han sido rastreados.
- Tiene información de la posición de los términos que aparecen dentro de los documentos indizados, lo que permite realizar búsquedas por proximidad.

- Mantiene información de la apariencia visual de los documentos y, además, asigna mayores pesos a los términos en negrita o en letra mayor para calcular la relevancia.
- El código html plano de los documentos está disponible en los almacenes de Google.

3.3.2. Directorios

Otra de las herramientas utilizadas para recuperar información o buscar información en la Web son los *directorios,* o también llamados *buscadores por índice* [91].

La acción llevada a cabo por un usuario de recorrer la Web para satisfacer una necesidad de información utilizando directorios se denomina *navegación.*

Estas herramientas son catálogos jerárquicos para clasificar las distintas áreas del conocimiento; en realidad no son árboles, sino grafos acíclicos, en los que una página puede ser clasificada e incluida en más de una categoría. La figura 18 muestra las categorías de un primer nivel del directorio dmoz.[13]

Figura 18: Categorías en el primer nivel del directorio dmoz

La clasificación de las páginas es realizada de forma manual por un pequeño número de personas. Aunque este proceso podría realizarse automáticamente utilizando por ejemplo técnicas de clustering.

En definitiva, los directorios tendrán dos componentes básicos [91]. Por un lado, una base de datos construida de forma manual con la información de páginas web y que puede contener URLS, títulos de las páginas, breves comentarios y algunas palabras

[13] www.dmoz.org (revisado en septiembre del 2007).

clave que describen el contenido, y por otro, una estructura jerarquizada de categorías que permite a los usuarios consultar la base de datos navegando por sus categorías.

Existe una gran cantidad de directorios web, algunos de ellos se muestran en la tabla 6; muchos son generales, pero otros se centran en aspectos concretos (negocios, noticias, deportes, etcétera); además la mayor parte permiten realizar búsquedas en toda la Web y no solo en las páginas que tienen clasificadas.

Directorio	Dirección WEB
dmoz	www.dmoz.org
LookSmart	www.looksmart.com
NewHoo	www.newhoo.com

Tabla 6: Directorios de búsqueda

Debido a que la clasificación de las páginas se realiza de forma manual, el número de páginas clasificadas en directorios es muy bajo, podría llegar a ser un 1 % del total [4]; aunque, obviamente, esto supone una gran desventaja en cuanto a la cantidad de información accesible desde estas herramientas, no hay que olvidar que tienen la ventaja de que la respuesta que obtiene el usuario es mucho más relevante.

Algunas herramientas, como WebGlimpse [80], combinan la búsqueda y la navegación para satisfacer la necesidad de información de un usuario; dicha herramienta permite realizar búsquedas en las páginas vecinas, es decir, en las que tienen algún enlace en la página en la cual el usuario está navegando, de tal forma que sigue navegando al tiempo que busca en las páginas vecinas.

Existe un conjunto de herramientas que ayudan al usuario a navegar; alguna de ellas, como Alexa[14] se incorpora al navegador como una opción más del mismo. Estas herramientas dan información al usuario de los sitios que visita (velocidad de acceso, popularidad, calidad).

Hay otro tipo de herramientas que también ayudan al usuario a navegar y a buscar en sitios web, y son los *mapas web*. Son herramientas que mediante grandes gráficos representan todo el contenido de un sitio. Entre otros tenemos: MAPA de Dynamic Diagrams [35], Mapuccino de IBM [58, 9], WebMap [33].

[14] www.alexa.com (revisado en septiembre del 2007).

3.3.3. Metabuscadores

Los metabuscadores son herramientas que, al igual que los motores de búsqueda, reciben una consulta de usuario, pero en este caso la herramienta transforma dicha consulta al lenguaje que entiende cada motor de búsqueda y posteriormente la envía a cada uno de ellos; una vez hecho esto, recoge las respuestas que le envían cada uno de los motores de búsqueda y las unifica.

Algunos metabuscadores no realizan ningún tipo de ordenación por relevancia, sin embargo otros sí que la realizan. Como es lógico, no todos utilizan los mismos algoritmos.

Un aspecto a mejorar por los metabuscadores sería que todos hiciesen la ordenación y, además, que lo hiciesen de una forma adecuada [73].

La ventaja que ofrecen estas herramientas es que, con una única interfaz, el usuario puede obtener resultados de diferentes fuentes, y algunos estudios justifican su existencia y utilización diciendo que cada motor es capaz de indizar un porcentaje muy pequeño de páginas y que de esta forma se obtienen mejores resultados.

Algunos metabuscadores serían: MetaCrawler,[15] SavvySearch [60], Dogpile.[16] También existen metabuscadores que se instalan en el ordenador del usuario, como Copernic[17]y WebFerret.[18]

[15] http://www.metacrawler.com (revisado en septiembre del 2007).
[16] http://www.dogpile.co.uk (revisado en septiembre del 2007).
[17] http://www.copernic.com (revisado en septiembre del 2007).
[18] http://www.ferretsoft.com (revisado en septiembre del 2007).

Capítulo 4

CLUSTERING

4.1. Introducción

Al hablar de RI en la Web ya se expusieron los diferentes problemas que esta tiene, entre ellos, destacan por un lado la complejidad que encuentra el usuario a la hora de especificar o plantear adecuadamente la consulta con la que expresa su necesidad de información, y por otro, una vez que ha obtenido la respuesta del motor de búsqueda, la dificultad que encuentra a la hora de seleccionar los documentos en los que realmente está interesado, debido principalmente a la gran cantidad de páginas ofrecidas como respuesta por el sistema; estos amplios resultados obligan al usuario a invertir mucho tiempo en revisar todos y cada uno de los documentos ofrecidos.

A la hora de buscar documentos en la Web, el usuario suele plantear su necesidad con dos o tres términos como máximo [50, 45, 71]; esto provoca que la consulta sea muy ambigua; por ejemplo, si un usuario realiza una búsqueda especificando el término *estrella*, podrá obtener páginas o documentos relacionados con: estrellas de mar, astronomía, figuras de cine o del deporte, entre otros; esta forma de plantear la consulta es lo que realmente provoca que las respuestas de los sistemas sean tan amplias y diversas.

Estos problemas se pueden solucionar si se crean clusters y se agrupan documentos relacionados, de tal forma que el usuario puede determinar rápidamente qué tipo de documentos busca y centrarse en revisar solamente documentos del tema que le interese. El *clustering* o *agrupamiento de documentos* (*document clustering*) es la tarea de separar documentos en grupos basándose en las similitudes existentes entre ellos.

El clustering de documentos se ha investigado durante años para usarlo en diferentes áreas de minería de texto y en la RI. Inicialmente, fue investigado para mejorar tanto la precisión como la exhaustividad en sistemas de RI [108] y también para utilizarlo como una herramienta eficiente con la finalidad de encontrar documentos próximos o similares. Posteriormente, el clustering se ha utilizado para organizar los resultados devueltos por un motor de búsqueda en respuesta a una consulta de usuario [117, 51, 76, 116] y para facilitar la navegación por una colección de documentos [30]. Por último, las técnicas de clustering o agrupamiento también pueden ser de gran ayuda en el proceso de creación de directorios web, los cuales se crean manualmente por expertos y esto hace que no sean muy amplios; si aplicamos técnicas automáticas de clustering, se podrán categorizar muchos más documentos, aunque probablemente no con la misma precisión que cuando se realiza manualmente.

El agrupamiento de documentos es una tarea compleja y subjetiva, ya que un mismo documento podría tratar de uno o varios temas y, por tanto, pertenecer a una o a varias categorías o grupos, y dos personas diferentes, cada una aplicando un criterio válido, podrían asignar el mismo documento a categorías o grupos diferentes.

La utilidad del clustering o agrupamiento para la recuperación de información de texto e hipertexto, se apoya en lo que se denomina *cluster hypothesis* o *hipótesis de agrupamiento* [108], que sostiene que «los documentos fuertemente asociados tienden a ser relevantes para la misma consulta», es decir, dada una solución de clustering adecuada de una colección de documentos, si un usuario está interesado en un documento *d*, también es probable que esté interesado en otros miembros del cluster o grupo al que pertenece *d*.

Según Chakrabarti [20], la hipótesis de agrupamiento no está limitada a documentos, sino que se puede aplicar a términos; expone que, si los documentos son similares porque comparten términos, los términos puede ser representados por vectores de bits que a su vez representan los documentos en los que ellos aparecen y que estos vectores de bits podrían ser usados para agrupar los términos.

A pesar de esta hipótesis, a principios de los años noventa Cutting y otros [30] recogían que, para otros autores, el clustering de documentos no era considerado una buena herramienta para la RI. Las causas que exponían eran dos principalmente: la primera afirmaba que las técnicas de clustering son demasiado lentas para corpus grandes, y la segunda defendía que con las técnicas de clustering no se aprecian mejoras en la recuperación. Sin embargo, obviaron estas objeciones y propusieron una aplicación alternativa a las técnicas de clustering aplicado al acceso de información, demostrando que aunque el clustering en ese momento no mejoraba el rendimiento de un sistema de recuperación, sí que podía utilizarse como herramienta para el acceso a la información y como complemento a otras técnicas.

Con ella se hacía una analogía relacionándola con cómo se busca información en un libro de texto (por el índice, si buscamos algo concreto, o echando un vistazo a la tabla de contenidos, si no tenemos muy clara nuestra consulta); proponen un sistema de acceso a la información que tiene un componente para ojear información como si revisáramos una tabla de contenidos, que para su implementación utiliza una estrategia de agrupamiento o clustering, y otro componente que se basa en una búsqueda por términos o palabras que simula la búsqueda por índice.

Los autores afirman que su herramienta es útil en situaciones en las cuales es difícil especificar la consulta o, cuando un usuario no la tiene bien definida; los autores por medio de la herramienta, presentan a los usuarios la colección dividida en grupos, con un pequeño sumario para cada grupo, y el usuario, basándose en el sumario, selecciona uno o más grupos; posteriormente, el sistema los agrupa y vuelve a crear clusters o grupos con ellos para presentárselos de nuevo al usuario; con cada iteración, los grupos son más pequeños y más detallados. En las últimas iteraciones los grupos pueden estar formados por un único documento. Los autores también exponen que tienen que utilizar algoritmos rápidos, concretamente utilizan *Buckshot* y *Fractionation*, pero afirman que estos algoritmos no son suficientemente rápidos para corpus grandes como lo es la Web.

La hipótesis de agrupamiento fue verificada experimentalmente por Cutting y otros a pesar de que indican que el tiempo es un inconveniente.

La agrupación de documentos o clustering de documentos puede ser llevado a cabo antes de la tarea de recuperación (*pre-retrieval document clustering*) o después de dicha tarea (*post-retrieval document clustering*).

En el primer caso (*pre-retrieval*) [30, 29, 104], como se puede observar en la figura 19, antes de llevar a cabo la recuperación, se calculan clusters con todos los documentos de la colección, es decir, antes de comenzar a resolver consultas, el conjunto de documentos es separado en grupos; a cada grupo de documentos se le asigna un representante de grupo y, al resolver la consulta, en lugar de examinar todos los documentos, se examinan solo los representantes de grupo; teniendo en cuenta la hipótesis de agrupamiento, la respuesta a la consulta estará formada por todos los documentos pertenecientes a los grupos cuyos representantes son relevantes a la consulta. El cálculo previo de clusters estáticos en un entorno dinámico como es la Web, obliga a que estos sean constantemente actualizados, y la mayor parte de las técnicas de clustering no permiten hacer esto de forma incremental; además requeriría una gran cantidad de recursos y se ha demostrado [56] que tal estrategia ofrece clusters de muy baja calidad.

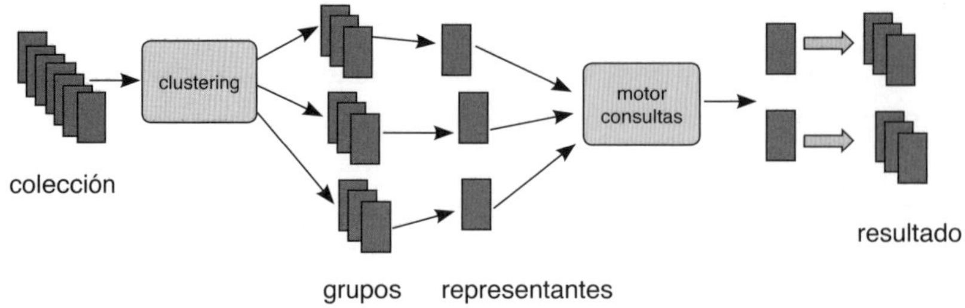

Figura 19: Aplicación de técnicas de clustering antes de realizar la tarea de recuperación

En el segundo caso (*post-retrieval*, figura 20) [3, 27, 56, 74] se aplican las técnicas de clustering después de realizar la tarea de recuperación, es decir, se crearán grupos de documentos basándose en la similitud existente entre ellos, a partir de los documentos ofrecidos por un motor de búsqueda como resultado a la consulta de usuario; por tanto, los documentos relacionados respecto a un cierto tema o tópico, serán emplazados en un único cluster. Esto ayudará al usuario a encontrar los documentos en los que esté interesado de forma fácil, sin verse obligado a revisar todos los documentos ofrecidos por el sistema. Al separar los documentos en grupos temáticos y apoyándonos en la hipótesis de agrupamiento, el usuario podrá determinar cuáles son los grupos que tienen información que le interesa con solo revisar uno o dos documentos de cada grupo, pudiendo de esta forma descartar rápidamente los documentos irrelevantes. Ha sido demostrado que esta última forma de aplicar clustering produce mejores resultados que la anterior [56]; esto es debido a que los clusters son calculados en base al conjunto de documentos devueltos por un motor de búsqueda, mientras que, en el otro caso, los clusters podrían estar basados en características que no son frecuentes en el conjunto de documentos recuperados, ya que los documentos no recuperados influyen en la formación de clusters [115].

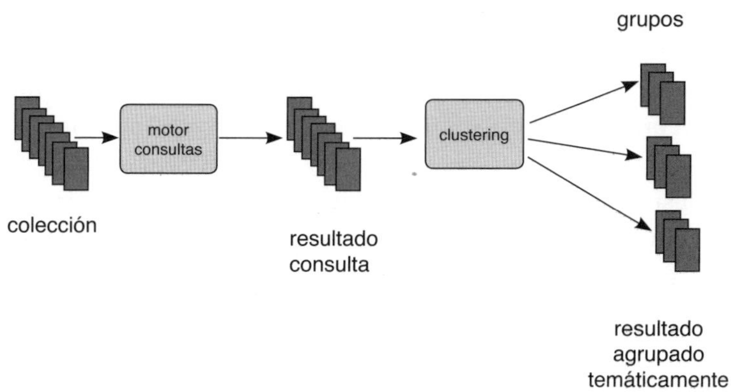

Figura 20: Aplicación de técnicas de clustering después de realizar la tarea de recuperación

4.2. Definición de clustering de documentos

El agrupamiento o clustering de documentos es un problema que se encuadra dentro de los problemas de clustering de cualquier tipo de objetos, por lo que, para el clustering automático de documentos, se utilizarán los mismos algoritmos que para el clustering de otros tipos de objetos o bien adaptaciones de los mismos debido a que el clustering de documentos tiene ciertas peculiaridades derivadas de las características propias de los documentos.

En [53] se hace una revisión al concepto de clustering dando las definiciones ofrecidas por Milligan o Everitt entre otros. Una definición del problema de clustering de documentos dada por Zhao [122] es: «Dado un conjunto D de N documentos se quiere dividirlos o particionarlos en un número predeterminado de k subconjutos, D_1, D_2..., D_k, de tal forma que los documentos asignados a cada subconjunto sean más similares a los documentos de su mismo grupo que a los documentos asignados a otros grupos». Según [112] «el agrupamiento de documentos es el proceso de encontrar grupos de documentos dentro de una colección de documentos basándose en las similitudes existentes entre ellos, sin un conocimiento a priori de sus características». Mientras que en [20, 79] se exponen definiciones a dicho problema muy similares que dicen: «el objetivo es particionar la colección de documentos D en k subconjuntos o clusters

D_1, D_2..., D_k de tal forma que se minimice la distancia intracluster o se maximice la semejanza intracluster».

Si se tiene una representación de los documentos, es usual especificar una representación de los clusters utilizando el mismo modelo. Por ejemplo, si utilizamos el modelo vectorial para representar los documentos, se podría representar un cluster como el *centroide*[1] de los documentos y, basándonos en esta representación, el objetivo de un algoritmo de clustering o la solución al problema del clustering vendría dada por particionar o dividir la colección de documentos D en k subconjuntos o clusters, $D_1, D_2, \ldots, D_k$ de tal forma que se minimice $\sum_i \sum_{d \in D_i} distancia(d, \vec{D}_i)$ o se maximice $\sum_i \sum_{d \in D_i} semejanza(d, \vec{D}_i)$, siendo $\vec{D}_i$ la representación del cluster i en el espacio vectorial.

A la hora de realizar clustering de objetos se pueden distinguir las etapas [63] que se muestran en la figura 21.

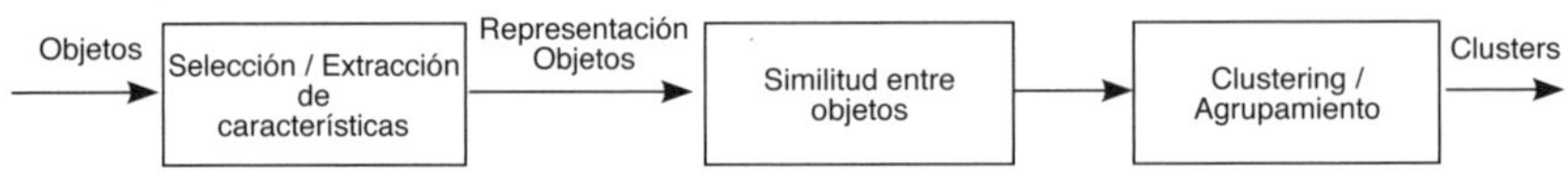

Figura 21: Etapas en el clustering (adaptado de [63])

La *extracción o selección de características* tiene como entrada el conjunto de objetos a dividir en grupos, y como salida se obtiene el subconjunto más adecuado de características de los objetos que permitirán realizar el agrupamiento. La siguiente etapa, *similitud o proximidad* entre objetos, es normalmente medida por una función de distancia definida entre pares de objetos; existe una gran cantidad de medidas de distancia, como por ejemplo la distancia euclídea. La última etapa, *clustering*, es la técnica utilizada para realizar el agrupamiento de objetos, y obtiene como salida los clusters o grupos de documentos.

[1] Se define centroide, C_n, de un grupo de objetos N que contiene m elementos n_i representados utilizando un modelo vectorial como el promedio de los vectores que componen dicho grupo, $C_n = \frac{\sum_{i=1}^{m} \vec{n}_i}{m}$.

4.3. Técnicas de clustering o agrupamiento de documentos

Las diferentes técnicas de clustering han sido sometidas en varias ocasiones a clasificaciones, y así, en [53], se hace una breve revisión de algunas de ellas y se propone la que se muestra a continuación.

- *Cluster*
  - *No exclusivas*
  - *Exclusivas*
    - *Extrínsecas*
    - *Intrínsecas*
      - *Jerárquicas*
      - *Particionales*

En dicha clasificación, en el primer nivel diferencia las técnicas o algoritmos que permiten que un mismo objeto, en nuestro caso un documento, pueda pertenecer a varios grupos (*no exclusivas*) o que cada objeto pueda pertenecer solamente a un grupo (*exclusivas*). Dentro de las *exclusivas* utiliza el término *extrínsecas* para referirse a las técnicas en las que existen clusters predefinidos y se tienen objetos que ya están agrupados en dichos clusters y que además son utilizados por el algoritmo para aprender a agrupar el resto de objetos; en contraposición a estas, enuncia las *intrínsecas* en las que los grupos de objetos se crean a partir de las características propias de los objetos, sin conocer previamente los grupos. Por último, distingue entre *jerárquicas* y *particionales*; en las jerárquicas se consiguen los grupos o clusters mediante la separación (*técnicas divisivas*) o la unión de grupos de documentos (*técnicas aglomerativas*); con ellas se genera una estructura en árbol (dendograma) con grupos anidados. En las *particionales*, también llamadas *de optimización* o *no jerárquicas*, se llega a un agrupamiento que optimiza un criterio predefinido o función objetivo, creando una estructura plana, sin producir grupos anidados.

Según Yolis [112], el clustering de documentos se encuadraría en la categoría intrínseca, ya que las medidas de similitud utilizadas para agrupar los documentos utilizan la información contenida en los propios documentos.

En [20], explícitamente no se hace una taxonomía o clasificación de los diferentes algoritmos, pero, sin embargo, el autor del libro distingue entre técnicas *no supervisadas*, *semisupervisadas* y *supervisadas*. Las técnicas *no supervisadas* son aquellas en las que, a partir únicamente de las características propias de los objetos, se crean grupos o clusters sin un conocimiento a priori de los grupos. En contraposición a estas, dedica un capítulo a las técnicas *supervisadas*, que trabajan tal y como lo hace un bibliotecario cuando realiza la indización, asignando temas o tópicos a los libros; también se llama *clasificación* y se basa en asignar objetos a clases mediante ejemplos. Con estas técnicas, el *aprendiz*, también llamado *clasificador*, recibe un conjunto de entrenamiento en el que cada documento u objeto está etiquetado o asignado a una clase, y el algoritmo es entrenado a partir de estos datos; una vez que el clasificador es entrenado, se le pasa un conjunto de documentos y tiene que calcular la etiqueta o clase a las que pertenecen dichos documentos. Por último, hace mención a la técnicas *semisupervisadas*, las cuales utilizan características de los diferentes documentos (en el caso de documentos web, las características a utilizar serán: enlaces de las páginas, nombre del sitio, path, etcétera) junto con algoritmos supervisados para clasificarlos; este tipo de técnicas son parcialmente supervisadas.

Para nosotros el clustering de documentos se basa en las técnicas no supervisadas, ya que tanto las supervisadas como las semisupervisadas podrían ser más útiles para la creación de grandes directorios web,[2] para organizar el e-mail [2] o los bookmarks por contenido [78], aunque otros autores también lo han utilizado como ayuda en la navegación [55].

Dentro de las técnicas no supervisadas, el autor del libro las divide en estrategias *particionales* (que incluye las de optimización y las jerárquicas), estrategias basadas en *representaciones geométricas* (que consisten en reducir el número de dimensiones), y, por último, *estrategias probabilísticas*.

Otro de los autores [10] realiza una clasificación muy exhaustiva de algoritmos de clustering, pero en este caso aplicados a la minería de datos (*data mining*).

Desde nuestro punto de vista, no existe una única clasificación, ya que algunas técnicas se podrían encuadrar en diferentes grupos, por lo que a lo largo del capítulo se exponen las más utilizadas o populares aplicadas al clustering de documentos.

4.3.1. Estrategias particionales

En las estrategias particionales se determinan a priori el número de grupos o clusters e, iterativamente, se van asignando documentos a esas particiones; los documentos son reasignados a los clusters de acuerdo a una función objetivo, y esto se repite hasta que se consigue un criterio de terminación. Estas técnicas también se denominan *técnicas de optimización* [53] porque buscan una partición de los datos que optimiza una

[2] Como www.yahoo.com o dmoz.org

medida predefinida. En la práctica, el algoritmo es ejecutado varias veces con diferentes estados de comienzo, y la mejor configuración obtenida de todas las ejecuciones será la salida ofrecida [63].

Fasulo [38] explica de una manera más formal los algoritmos particionales, que denomina *algoritmos de k-clustering*. Según él, estos algoritmos tienen como entrada un conjunto S de objetos y un entero k, y como salida se obtiene una partición de S en subconjuntos $S_1, S_2, \ldots, S_k$. La parte más importante es el *algoritmo de optimización*, que asume que los elementos son representados desde un espacio métrico d-dimensional y se define una función de coste, la cual asocia un coste, $c(S_i)$, a cada cluster; el objetivo del algoritmo es minimizar la suma de los costes de los clusters, $\sum_{i=1}^{k} c(S_i)$.

Con estas técnicas, en cada iteración se permite una recolocación de los objetos ofreciendo la posibilidad de que una partición inicial pueda ser mejorada en una etapa posterior, es decir, que los clusters mejoren gradualmente, lo que proporciona clusters de gran calidad [10, 53].

Existen diferentes algoritmos particionales y la diferencia entre ellos viene dada por [26, 53]: el método por el cual se obtiene la partición inicial de los datos, la función objetivo de optimización, el proceso de reasignación y el criterio de finalización del algoritmo.

De todas la variantes existentes, los dos más conocidos son *k-means* y *k-medoids*. El algoritmo *k-means* es muy utilizado en el clustering de documentos, por lo que a continuación, en el epígrafe 4.3.1.4, se explica detalladamente. Sin embargo, el algoritmo *k-medoids* no es muy utilizado en clustering de documentos, mientras que sí lo ha sido en minería de datos; este último es posible utilizarlo para cualquier tipo de datos [38, 10], pero es realmente útil cuando tenemos datos de los que no se puede calcular la media, es decir, para datos cualitativos; dicho algoritmo utiliza el concepto de *k-medoid*, que es el dato u objeto del cluster más adecuado para representarlo, y para encontrar ese objeto se utiliza la mediana $\hat{X}$ de todos los objetos que componen el cluster, y, que será elegida de tal forma que minimice $\sum_{d_i \in S_i} distancia(\hat{X}, d_i)$. Este algoritmo tiene una clara ventaja sobre el *k-means* porque es menos sensible a la presencia de *outliers*[3]. Dos versiones de este algoritmo, PAM (*Partitioning Around Medoids*) y CLARA (*Clustering LARge Applications*), fueron propuestas por Kaufman y Rousseeuw [66].

[3] Dato u observación atípica, que está alejada del resto de los datos.

4.3.1.1. Métodos para obtener los grupos iniciales

A lo largo de los años han surgido diferentes procedimientos para elegir los grupos iniciales; algunos de ellos sugieren coger los primeros k objetos, o los k objetos más alejados entre sí [53]; otros proponen coger k objetos aleatoriamente [26, 122]; otros utilizan un algoritmo jerárquico, pero cogiendo solo una parte de los objetos [20]. Un ejemplo de este último son los algoritmos *buckshot* y *fractionation* utilizados por Cutting y otros [30].

4.3.1.2. Funciones de optimización

En los algoritmos particionales, una vez que se ha encontrado una partición inicial, se lleva a cabo un proceso de optimización para recolocar los objetos, de tal forma que produzca una mejora en la solución ofrecida por el mismo. Esta optimización se basa en maximizar o minimizar alguna función objetivo que estará definida en la solución del algoritmo de clustering. En la literatura se pueden encontrar varios criterios o funciones [53, 26, 38]. Zhao y otros [122] exponen y evalúan las funciones más utilizadas para el clustering de documentos; las funciones que ofrecen miden varios aspectos de la *similitud intra-cluster*, la *distancia inter-cluster* y combinaciones de ambas. Para ello modelan la colección de documentos de dos formas diferentes: como vectores en un gran espacio dimensional o, utilizando grafos.

Cuando representan la colección como vectores, dividen las funciones objetivo en dos grupos: *funciones internas* y *funciones externas*. Las primeras se basan en calcular una solución de clustering que optimiza una función criterio particular que es definida sobre los objetos que forman parte de cada cluster sin tener en cuenta los objetos asignados al resto de los clusters, es decir, tienen en cuenta las medidas *intra-cluster*. Y las segundas, a diferencia de las internas, calculan la solución de clustering optimizando una función que se basa en cómo los diferentes clusters se diferencian entre ellos, es decir, tiene en cuenta las medidas *inter-cluster*.

Dentro de la funciones internas tenemos las siguientes:

- I_1, función que maximiza la suma de los promedios de las similitudes que existen entre los pares de documentos asignados a cada cluster, teniendo en cuenta el tamaño de cada uno.

$$max \quad I_1 = \sum_{r=1}^{k} n_r \left(\frac{1}{n_r^2} \sum_{d_i, d_j \in S_r} sim(d_i, d_j) \right)$$

Teniendo en cuenta que k es el número de clusters, n_r el número de elementos de cada cluster y *sim(d,d)* calculándose con la *función coseno.*

Esta función tomará valores más altos cuanto más similares entre sí sean los elementos de cada cluster.

- I_2: en esta función, cada cluster se representa mediante su vector centroide, C_r, y el objetivo es encontrar una solución de clustering que maximice la similitud entre cada documento y el centroide del cluster al cual ha sido asignado, utilizando para calcular la similitud la función coseno.

$$max \quad I_2 = \sum_{r=1}^{k} \sum_{d_i \in S_r} sim(d_i, C_r)$$

En este caso, la función tomará valores más altos cuando cada uno de los elementos esté más cerca de su centroide.

Este criterio es el usado por el algoritmo k-means en la variante espacio-vectorial.

- I_3: esta función utiliza la distancia euclídea para determinar qué documentos deben ser agrupados juntos, y determina la calidad global de la solución de clustering usando la función de la *suma de los errores cuadráticos.*

$$min \quad I_3 = \sum_{r=1}^{k} \sum_{d_i \in S_r} \| d_i - C_r \|^2$$

En este caso, la función tomará valores más pequeños cuanto mejor sea la solución del clustering.

Es la función utilizada por el algoritmo k-means en su versión tradicional.

Como funciones externas, expone las dos siguientes, y con ambas se intenta que los agrupamientos o clusters estén lo más separados posible del centro de la colección:

- E_1: con esta función se intenta separar los documentos de cada cluster de la colección entera, es decir, minimiza la similitud entre el vector centroide de cada cluster y el vector centroide de la colección completa. Si se utiliza como medida de similitud el coseno, entonces, al minimizar el coseno, lo que realmente se consigue es incrementar el ángulo entre ellos.

$$min \quad E_1 = \sum_{r=1}^{k} n_r * sim(C_r, C)$$

- E_2: en este caso se utiliza la distancia euclídea y los errores cuadráticos de los vectores de los centroides.

$$max \quad E_2 = \sum_{r=1}^{k} n_r * \| C_r - C \|^2$$

Cuanto mayor sea el valor, más alejados están los clusters y mejor es la solución de cluster.

A partir de las funciones internas y externas proponen una serie de funciones híbridas que optimizan varias funciones criterio individuales.

- H_1, que combina los criterios I_1 y E_1.

$$max \quad H_1 = \frac{I_1}{E_1}$$

- H_2, que combina los criterios I_2 y E_1.

$$max \quad H_2 = \frac{I_2}{E_1}$$

Si los documentos y las relaciones entre ellos se representan utilizando grafos, definen otra serie de funciones de optimización o funciones objetivo. Proponen dos tipos de grafos para modelar los documentos en el contexto del clustering: el primero de ellos obtiene el grafo calculando las similitudes entre cada par de documentos; y el segundo se obtiene considerando que el grafo consta de dos partes: por un lado, los términos y, por otro, los documentos.

En el primer caso, si se tiene una colección S de n documentos, el grafo de similitud G_s se obtiene modelando cada documento como un vértice y los arcos unirán dos vértices, siendo el peso del mismo un valor igual a la similitud entre los documentos correspondientes. En este caso, la función objetivo que se propone es:

$$min \sum_{r=1}^{k} \left(\frac{cut(S_r, S - S_r)}{\sum_{d_i, d_j \in S_r} sim(d_i, d_j)} \right)$$

siendo $cut(S_r, S - S_r)$ el arco-cortante entre los vértices en el subgrafo S_r y el resto de los vértices en el grafo $S - S_r$, es decir, la suma de los arcos que unen los vértices en S_r a los vértices en $S - S_r$.

En el otro tipo de grafo, los diferentes documentos y sus términos son representados como un grafo dividido en dos, $G_b = (V, E)$, donde el conjunto de vértices V está dividido en dos conjuntos V_d y V_t, conjunto de documentos y conjunto de términos, respectivamente, y los arcos entre los diferentes nodos unirán documentos y términos de forma que si el i-ésimo documento contiene el j-ésimo término habrá un arco uniendo el correspondiente i-ésimo vértice de V_d y el j-ésimo vértice de V_t, y el peso asignado a dicho arco será calculado mediante el esquema *tf-idf*.

La función objetivo que utilizan es la llamada *corte normalizado,* que se define como:

$$min \sum_{r=1}^{k} \frac{cut(V_r, V - V_r)}{W(V_r)}$$

siendo V_r el conjunto de vértices asignados al cluster r y $W(V_r)$ la suma de los pesos de la lista de adyacencia de los vértices asignados al cluster r.

Lo que se pretende con esta función es conseguir una solución de clustering que agrupe los documentos y los términos asociados con estos, de tal forma que estén en el mismo cluster aquellos documentos que compartan términos.

4.3.1.3. Criterios de finalización

Se pueden determinar diferentes criterios para que el algoritmo termine; según Cole [26], terminarán cuando ya no existan reasignaciones de documentos a clusters que mejoren la función criterio u objetivo, y esto ocurrirá cuando todos los documentos pertenezcan al cluster cuyo centroide sea el más cercano, aunque, para otros autores [20], el algoritmo terminaría cuando la asignación de documentos a clusters no cambie o cuando el centroide de un cluster se mueva muy poco en sucesivas iteraciones.

4.3.1.4. Algoritmo k-means

Dentro de los algoritmos particionales, el más conocido y utilizado en diferentes áreas es el algoritmo *k-means,* propuesto originariamente por McQueen [83]. Con dicho algoritmo, el cluster es representado por su centroide, que, como ya se ha comentado, es la media de los documentos ubicados en el cluster. Solo trabaja bien con atributos numéricos y no es válido para atributos cualitativos [10]. El algoritmo ha llegado a ser tan popular [63] porque su implementación es sencilla y su tiempo de ejecución es mucho menor que el de otros algoritmos, aunque también presenta algunos problemas, como la sensibilidad a la selección de la partición inicial y que puede converger a un mínimo local de la función objetivo, incluso si la partición inicial no es la adecuada. Otro problema que presenta es que puede verse afectado negativamente por *outliers* [10].

Anteriormente (en el epígrafe 4.3.1.2) ya se indicaron algunas de las funciones objetivo que podrían ser utilizadas por este algoritmo.

Para Chakrabarti [20], dicho algoritmo puede ser de dos formas: *hard k-means* y *soft k-means*. En el primer tipo, *hard*, cada documento u objeto solo podrá pertenecer a un cluster, mientras que en el segundo tipo, en el que se hace una asignación *soft*, cada documento u objeto podrá pertenecer a varios clusters y a cada uno de ellos con un peso diferente.

La forma más común es una asignación hard y, con ella, tanto los objetos que van a ser agrupados como los propios clusters utilizan la misma representación; por ejemplo se podría utilizar el espacio vectorial y cada cluster se representa como un centroide de los documentos que pertenecen al cluster. El algoritmo consta de una serie de pasos, tal y como se muestra en el pseudocódigo 4.1.

Comienza con una partición inicial que consiste en *k* grupos o clusters de documentos u objetos, calculados a priori, y sus correspondientes *k* centroides; posteriormente irá reasignando documentos a clusters y recalculando los centroides. El proceso terminará en el momento en que se cumpla el criterio de finalización.

Con la asignación *soft*, cada cluster *c* se representa utilizando un vector definido en el espacio de términos $\vec{c}_i$, y no hay una asignación explícita de documentos a un cluster, sino que cada documento pertenece a varios clusters y a cada uno de ellos con un peso diferente, es decir, cada documento tiene un grado de pertenencia a cada cluster.

Pseudocódigo 4.1. -Algoritmo *hard k-means*

1. Determinar el número de clusters y los documentos pertenecientes a cada cluster
2. Inicializar los centroides de cada cluster
3. Mientras sea posible realizar más mejoras hacer
4. Para cada documento *d* hacer
5. Encontrar el cluster *c* cuyo centroide es más similar al documento *d*
6. Asignar *d* a este cluster *c*
7. Fin para
8. Para cada cluster *c* hacer

   Recalcular el centroide del cluster *c* basándose en los documentos asignados a él
9. Fin para
10. Fin mientras

El pseudocódigo 4.2 corresponde a un algoritmo *soft k-means*, en el que de forma iterativa, se calcula cómo un documento contribuye al cluster *c*.

Pseudocódigo 4.2. -Algoritmo *soft k-means* (versión 1)

1. Determinar el número de clusters y los documentos pertenecientes a cada cluster
2. Inicializar los vectores $\vec{c}_i$ de cada cluster
3. Mientras sea posible realizar más mejoras hacer
4. Para cada documento d_j hacer
5. Encontrar el cluster c_i cuyo vector $\vec{c}_i$ es más similar al documento d_j
6. Recalcular el nuevo $\vec{c}_i$

$$\vec{c}_i \leftarrow \frac{\sum_d d * sim(d, c_i)}{\sum_d sim(d, c_i)}$$

7. Fin para
8. Fin mientras

Con el código anterior (pseudocódigo 4.2), en cada iteración, cada documento solo mueve cada vez el cluster que tiene más próximo. Sin embargo, es posible que cada documento pueda mover más de un cluster, de tal forma que el pseudocódigo del algoritmo podría ser como el 4.3.

Pseudocódigo 4.3. -Algoritmo *soft k-means* (versión 2)

1. Determinar el número de clusters y los documentos pertenecientes a cada cluster
2. Inicializar los vectores $\vec{c}_i$ de cada cluster
3. Mientras sea posible realizar más mejoras hacer
4. Para cada documento d_j hacer
5. Para cada cluster c_i hacer
6. $$\vec{c}_i \leftarrow \frac{\sum_d d * sim(d, c_i)}{\sum_d sim(d, c_i)}$$
7. Fin para
8. Fin para
9. Fin mientras

Existen otras formas *soft k-means,* como, por ejemplo, la expuesta por Zhang [119].

Además de la diferenciación que realiza Chakrabarti en la literatura, se pueden encontrar muchas otras variantes del algoritmo *k-means* [63]; algunas de ellas intentan seleccionar una buena partición inicial que mejore el algoritmo. En otras variantes del algoritmo, una vez realizada la partición inicial, permiten dividir y juntar los clusters resultantes; por ejemplo, un cluster se dividirá cuando su varianza esté por encima de un umbral especificado, y se unirán cuando la distancia entre sus centroides esté por debajo de dicho umbral. Con esta variante, si los umbrales especificados son adecuados, es posible obtener una partición óptima incluso comenzando desde cualquier partición inicial arbitraria. Un ejemplo de esto es el algoritmo Isodata[4] [84].

4.3.2. Estrategias jerárquicas

Con estas estrategias se genera una estructura en árbol de clusters o grupos, llamada *dendograma* (figura 22), en la cual las hojas son grupos que contienen un único documento, por lo que hay tantas como documentos; la raíz es un único grupo con todos los elementos de la colección, y los niveles intermedios son las posibles configuraciones de clusters. Estos algoritmos consiguen los clusters mediante la unión (*aglomerativos*) o separación (*divisivos*) de grupos de documentos [10, 106], que es precisamente lo que hace que los algoritmos jerárquicos se dividan en dos grupos.

[4] Interactive Self Organizing Data Analysis Techniques.

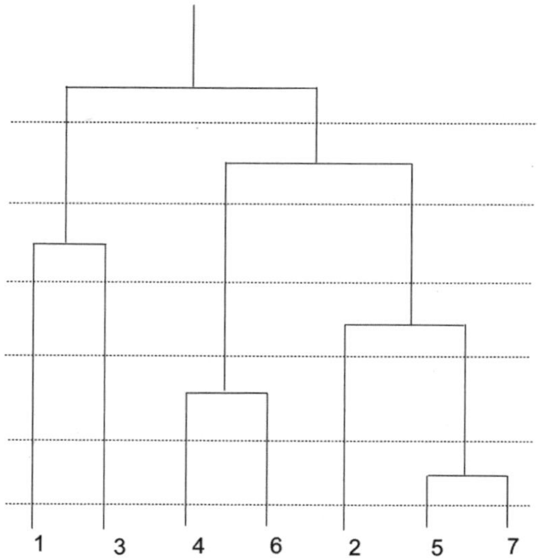

Figura 22: Dendograma

4.3.2.1. *Algoritmos aglomerativos*

En los aglomerativos, o también llamados algoritmos de *Agrupamiento Jerárquico Aglomerativos* (HAC), cada cluster comienza teniendo un único documento (se parte de las hojas) y en cada paso se van juntando los grupos o clusters con mayor similitud hasta que se encuentre un número de clusters óptimo.

Un posible pseudocódigo [20] para éstos algoritmos sería el 4.4.

Pseucódigo 4.4. -Algoritmo jerárquico aglomerativo

1. Crear G clusters, donde $|G|$ es el número de documentos.
2. Asignar a cada cluster un único documento d.
3. Mientras $|G|>1$ hacer
4. Elegir los grupos $\Gamma, \Delta \in G$ en función de alguna medida de similitud $s(\Gamma, \Delta)$
5. Eliminar los grupos Γ y Δ del grupo G
6. Hacer $\Phi = \Gamma \cup \Delta$
7. Insertar Φ en G
8. Fin mientras

Como se puede observar, se requiere la definición de una medida de similitud o distancia de clusters, y precisamente la forma de calcular la similitud (o distancia) entre grupos es lo que hace que existan diferentes algoritmos o esquemas aglomerativos. Es importante no confundir las medidas de similitud de documentos (vistos en el capítulo 2) y las de grupos; la similitud de dos grupos se calcula a partir de la similitud existente entre los documentos de estos [112]. Algunas de las medidas de similitud entre grupos que encontramos en la literatura son [53, 38, 26, 20]:

- *Single link (enlace simple)*

  Los grupos se unirán o juntarán en función de la distancia entre sus miembros más cercanos. La similitud de dos clusters viene dada por la distancia entre los dos elementos más cercanos de ambos, es decir, por aquellos que son más similares. De una manera más formal, si x es cada uno de los documentos del grupo Γ e y cada uno de los documentos del grupo Δ , entonces la similitud de estos dos clusters viene dada por

  $$sim(\Gamma,\Delta) = \max_{x\in\Gamma,\, y\in\Delta} sim(x,y)$$

- *Complete link (enlace completo)*

  Este método es el opuesto a *single link*. En él, la similitud entre dos clusters viene dada como la distancia entre los dos elementos más lejanos de ambos, es decir, por aquellos documentos menos similares.

  Si x es cada uno de los documentos del grupo Γ e y cada uno de los documentos del grupo Δ , entonces la similitud de estos dos clusters viene dada por,

  $$sim(\Gamma,\Delta) = \min_{x\in\Gamma,\, y\in\Delta} sim(x,y)$$

- *Average link (enlace promedio)*

  En este caso, la similitud entre dos grupos vendrá dada por el promedio de las distancias de cada miembro de un cluster con cada miembro del otro cluster.

  Si x es cada uno de los documentos del grupo Γ e y cada uno de los documentos del grupo Δ , entonces la similitud de estos dos clusters viene dada por

  $$sim(\Gamma,\Delta) = \frac{\sum_{x\in\Gamma,\, y\in\Delta} sim(x,y)}{(|\Gamma||\Delta|)}$$

- *Método de mínima varianza de Ward*

  En este método se define una medida, *suma de errores cuadráticos*, la cual se calcula como la suma del cuadrado de la distancia de cada documento al centroide del cluster al que pertenece.

  En cada paso, el algoritmo unirá aquellos clusters que minimicen el incremento de esta medida, es decir, en cada paso se evalúa la unión de cada posible par de clusters y se unirán aquellos dos clusters cuya unión produzca el menor incremento del error.

  Si x es cada uno de los documentos del grupo Γ y C_Γ es el centroide de dicho grupo, entonces

$$W_\Gamma = \sum_{x \in \Gamma} \| x - C_\Gamma \|^2$$

  y para dos grupos (*Gamma* y *Delta*) sería la suma de ambas desviaciones cuadráticas

$$W = W_\Gamma + W_\Delta$$

Existen otras medidas que se pueden encontrar en la literatura [53], como el *cálculo del centroide* o el *método de Lance Williams*.

4.3.2.2. Algoritmos divisivos

Los algoritmos jerárquicos divisivos hacen lo contrario que los aglomerativos. En este caso comienza con un único cluster que contiene todos los documentos y en cada paso divide un cluster en dos; este proceso se repite hasta que se consigue un criterio de finalización. En el caso de los divisivos se ha de decidir en cada paso qué grupo o cluster dividir y cómo realizar esta división.

Como ejemplo de este tipo de algoritmos se podrían mencionar el *Bisections K-means* [10, 106], que se apoya en el clásico *k-means* (epígrafe 4.3.1.4), pero que en lugar de calcular directamente los k grupos o clusters, calcula dos clusters utilizando el algoritmo *k-means* y posteriormente seleccionará uno de los dos clusters generados y volverá a dividirlo en otros dos utilizando la misma estrategia, y así hasta que se consigue el número de clusters deseado o el árbol completo, en el cual cada documento u objeto pertenece a un único cluster.

Otro de los algoritmos divisivos que se puede encontrar en la literatura es PDDP *(Principal Direction Divisive Partioning)* [13, 99, 100]; dicho algoritmo particiona un conjunto de documentos representados en un gran espacio dimensional. Según sus autores, se encuadra dentro de los algoritmos jerárquicos divisivos, ya que el algoritmo divide el conjunto entero de documentos en dos particiones y cada una esas particiones se dividirá nuevamente en otras dos subparticiones usando el mismo proceso de forma iterativa; el resultado es una estructura jerárquica (árbol binario); dicho algoritmo, para hacer las particiones o divisiones, no utiliza ninguna medida de similitud o distancia, sino que los documentos se representan sobre una matriz de términos-documentos poco densa y posteriormente utiliza el proceso *Singular Value Decomposition* [46].

Las técnicas aglomerativas son más sencillas que las divisivas, por lo que son más utilizadas. Pero tanto unas como otras, habitualmente, tienen un tiempo de ejecución muy elevado para colecciones de documentos grandes con gran cantidad de términos. Para reducirlo se podrían truncar o reducir las dimensiones de los vectores de documentos y grupos; al realizar estas operaciones se podría pensar que la calidad de la solución de clustering puede verse afectada, pero estudios llevados a cabo [101] indican que no es así y que la calidad de los clusters permanece inalterada.

4.3.3. Algoritmos aplicados a la RI web

En la literatura se pueden encontrar otras técnicas o algoritmos explícitamente diseñados y aplicados a la RI en la web.

Uno de ellos es *Suffix Tree Clustering* (STC) [116, 115], que se basa en identificar *frases* que son comunes a grupos de documentos, considerando como *frase* una secuencia ordenada de una o más palabras. Y define un *cluster-base,* que es un conjunto de documentos que comparten una frase común. STC tiene tres pasos:

1. Limpiado de documentos. Mediante un algoritmo de lematización, la representación del documento es transformada. Dicho algoritmo elimina prefijos y sufijos de las palabras; además reduce el plural a singular y los tokens que no son palabras, como números, etiquetas literales y signos de puntuación, son eliminados.
2. Identificación de *clusters-base* utilizando un árbol de sufijos. Este paso puede verse como la creación de un índice invertido de frases para la colección de documentos; esto se creará mediante una estructura llamada *suffix tree.* Esta estructura se puede crear incrementalmente a medida que los documentos se van leyendo. En este árbol, cada nodo representa un *cluster-base* y a cada *cluster-base* se le asigna una puntuación en función del número de documentos que contiene y las palabras de la frase.
3. Combinar los *clusters-base* en clusters mayores. Por último se combinan o unen aquellos *cluster-base* que tienen un alto solapamiento del conjunto de documentos.

Al crear solapamiento de clusters con este algoritmo, un documento puede pertenecer a más de un grupo y, además, el tiempo de ejecución del algoritmo es similar al del algoritmo *k-means*.

Otro trabajo desarrollado por He y otros [51], que aplica clustering después de realizar la tarea de recuperación, permite encontrar o identificar de forma automática diferentes temas existentes en el conjunto de páginas recuperadas por un motor de búsqueda. En este trabajo, los autores utilizan un método de clustering no supervisado que usa el criterio *corte normalizado* (*normalized cut*); este método les permitirá dividir un grafo en dos posteriormente, para cada uno de los dos grafos obtenidos se volverá aplicar el mismo método, es decir, el algoritmo particionará recursivamente un subgrafo en dos hasta que se cumpla la condición de terminación. El grafo sobre el que trabaja el algoritmo es un grafo cuyos nodos son páginas web y los arcos son enlaces entre dichas páginas; este grafo se representará como una matriz de pesos y para medir la similitud entre dos páginas web proponen una métrica que incorpora información textual, estructura de enlaces y relaciones de cocitación entre páginas. Una vez que se han encontrado todos los temas o clusters existentes en las páginas web recuperadas, cada cluster será ordenado por relevancia de acuerdo al algoritmo HITS (ver capítulo 3) y listará solo aquellas páginas que son autoridades.

Lin y Kondadadi [76] proponen un algoritmo de clustering, *Word Based Soft Cluster* (WBSC), con el que un documento podrá estar presente en diferentes clusters; ha sido probado antes y después de la tarea de recuperación. Esta propuesta, a diferencia del resto de técnicas de clustering que utilizan los documentos como la base del clustering, agrupa las palabras o términos usados por los documentos. Para cada palabra forma un cluster que tendrá los documentos que contienen esa palabra. Después de eso combina clusters que contienen conjuntos similares de documentos utilizando una estrategia aglomerativa. Los clusters resultantes contienen documentos que comparten un conjunto de palabras similares.

Entre las propuestas más recientes que encontramos, tenemos *WebCat* [45], que, a partir de los resultados de la búsqueda, reorganiza los documentos en particiones usando el algoritmo de clustering *k-means* y para ello representa cada documento mediante vectores booleanos utilizando como medida de distancia el *coeficiente de Jaccard*.

Algunas de estas propuestas se basan en algoritmos jerárquicos, como *SnakeT* [39]. Este sistema permite al usuario lanzar una consulta, y este le devuelve una lista de documentos que responden a la consulta, junto con una jerarquía de carpetas etiquetadas; posteriormente, el usuario podrá seleccionar una o varias carpetas de esa jerarquía y la búsqueda se personalizará con las etiquetas de esa carpeta. Realmente, no muestra los documentos clusterizados, sino que muestra una serie de grupos para personalizar las búsquedas; las etiquetas, una vez generadas a partir del resultado de la búsqueda, son mejoradas explotando dos bases de conocimiento.

Otro trabajo también basado en clusters jerárquicos es el propuesto por Cui y Zaïane [28]; con este sistema, el usuario realizaría una consulta y esta sería lanzada a diferentes buscadores; los resultados son recogidos por el sistema y preprocesados para crear ficheros índices que posteriormente se utilizarán para construir una organización jerárquica basándose en un enfoque ontológico. Una vez generada la organización jerárquica, esta es devuelta al navegador del usuario.

Otro de los trabajos recientes que hemos encontrado en la literatura y hemos podido probar es Vivisimo;[5] en la literatura solamente hemos encontrado que es considerada como una de las mejores herramientas de búsqueda basada en el clustering de *snippets*, pero no hemos encontrado qué tipo de algoritmos utiliza.

4.3.4. Reducción de dimensiones

La mayor parte de las aplicaciones de clustering en RI requieren un tiempo de respuesta breve, como por ejemplo cuando se utilizan para mostrar agrupados los resultados ofrecidos por un motor de búsqueda de la Web, donde la respuesta al usuario debe ofrecerse rápidamente en un tiempo aceptable, mientras que el número de datos de entrada al algoritmo de clustering es grande. En este caso, el cálculo de la solución de clustering es lento, ya que los algoritmos de clustering tienen un tiempo de respuesta que depende del número de datos de entrada al mismo, es decir, cuanto mayor sea el número de datos de entrada, más tiempo les lleva calcular una solución; esto es debido a que cada documento se representa como un vector de términos, y cuando más tiempo consume el algoritmo de clustering es cuando se calcula la distancia entre los vectores de términos, por tanto, el tiempo de cálculo es proporcional al número de términos diferentes en los documentos; una forma de conseguir que el cálculo de la solución de clustering sea más rápido es reduciendo el número de términos de cada documento y esto se puede conseguir proyectando cada documento en un subespacio de términos más pequeño del espacio total. Además hay que tener en cuenta que para otras aplicaciones de clustering se ha demostrado que la proyección en un subespacio más pequeño no afecta al rendimiento.

Una vez que se han reducido las dimensiones, los algoritmos de clustering se pueden aplicar a este espacio de datos transformados.

Para [101] hay dos formas de proyectar un documento en un subespacio de términos más pequeño: *truncación* y *reducción de dimensionalidad*. El primero de ellos, *truncar*, consiste en quitar a cada documento un número de términos, cada documento es

[5] www.vivisimo.com (revisado en septiembre del 2007).

proyectado dentro de un subespacio diferente. Mientras que al *reducir dimensiones* primero se determina qué términos se eliminarán y posteriormente estos serán borrados de cada documento.

Una de las técnicas utilizadas para reducir el número de dimensiones es *Latent Semantic Analysis* (LSA) (o también llamado LSI; ver capítulo 2, epígrafe 2.5.2), y Han y otros en [49] revisan algunas más.

4.4. Evaluación de clustering

Al igual que para cualquier otro sistema, la salida de una solución o de un algoritmo de clustering debería poder ser medida; dicha evaluación puede ser realizada por humanos, siendo esta revisión o evaluación el método más intuitivo de validación de un cluster, ya que se compara el resultado de la solución de clustering con la intención del usuario de una forma natural. De hecho, la evaluación humana ha sido ampliamente usada para validar la salida de una solución de clustering, pero la revisión humana carece de escalabilidad para grandes dimensiones, además, la inspección manual no siempre es deseable o factible en aplicaciones de la vida real. Por tanto, la evaluación de la calidad de una solución de clustering en un entorno de laboratorio es de gran importancia para varias aplicaciones, por lo que sería importante contar con medidas objetivas para evaluar la calidad de la misma.

A pesar de que se pueda disponer de esas medidas, es importante indicar que la definición de calidad de una solución de clustering es bastante subjetiva, pues dos usuarios diferentes pueden esperar diferentes salidas de un sistema de clustering y, por tanto, tendrán una interpretación diferente de la calidad ofrecida por el sistema.

En la literatura se pueden encontrar una gran cantidad de medidas de evaluación de clusters, pero la mayor parte de ellas son válidas solo para algunos métodos o algoritmos. Concretamente, He y otros [52] proponen algunas medidas basándose en dos criterios diferentes: *distribución de clusters* y *conformación de clases*.

4.4.1. Medidas basadas en la distribución del cluster

Al comienzo del capítulo se ha explicado el objetivo de un algoritmo de clustering y, de una manera cuantitativa, se puede decir que el objetivo es minimizar la distancia entre los objetos en clusters individuales y maximizar la distancia entre los diferentes clusters; por tanto, esta es una forma natural de validar la homogeneidad *intra-cluster* y la separación *inter-cluster* de la salida de un algoritmo de clustering de una forma global, usando las cantidades inherentes a la distribución de los datos de salida.

Para evaluar la calidad de un cluster, He y otros proponen varias medidas, como por ejemplo la *compactación de cluster.*

Dicha medida se basa en la definición de la varianza del conjunto de datos de un vector, que viene dada por

$$v(X)=\sqrt{\frac{1}{N}\sum_{i=1}^{N}d^2(x_i,\bar{x})}$$

donde $d(x_i,x_j)$ es una función que indica la distancia entre dos vectores, X es el conjunto de todos los objetos, N es el número de objetos de X y $(\bar{x})$ es la media de X. Un valor pequeño para la varianza indica una gran homogeneidad de los vectores en el conjunto de objetos.

La compactación de cluster para todos los clusters de salida $c_1, c_2, \ldots c_c$ ofrecidos por el sistema viene dada por

$$Cmp=\frac{1}{C}\sum_{i}^{C}\frac{v(c_i)}{v(X)}$$

donde C es el número de clusters generados en el conjunto de objetos X, $v(c_i)$ es la varianza del cluster c_i y $v(X)$ es la varianza del conjunto de objetos X.

Esta medida evalúa cómo son redistribuidos los datos de entrada por el sistema, comparándolo con todo el conjunto de entrada en términos de la homogeneidad de los datos reflejada por la distancia métrica usada por el sistema de cluster.

Cuanto más pequeños sean los valores de esta medida, mejor es la compactación en los clusters de salida. Esto no obstante no indica necesariamente una mejor solución de cluster (si en cada cluster tenemos solo un elemento, entonces la compactación es igual a 0 sin embargo, no es una buena solución).

Para ello también proponen la *separación de clusters,* que mide cómo están separados entre ellos los diferentes clusters, y otra, *overall cluster quality,* que combina la compactación y la separación.

4.4.2. Medidas de evaluación basadas en la conformación de la clase

Para poder utilizar estas medidas es necesario disponer de una distribución óptima o deseable del conjunto de objetos con la cual es posible realizar la comparación directa de la salida del algoritmo de clustering. Para ello y siguiendo la distribución de los objetos, se puede asignar una etiqueta de clase a cada objeto. Después, el objetivo del sistema de clustering será realizar lo mismo, pero utilizando un aprendizaje no supervisado. Cuando la salida del clustering sea óptima, los objetos con la misma etiqueta serán agrupados juntos en el mismo cluster y los objetos con diferentes etiquetas aparecerán en distintos clusters.

Dos medidas que se basan en esta suposición son: *entropía de cluster* y *entropía de clase*.

Para cada cluster C_i, la *entropía de cluster* se calcula de la siguiente forma:

$$E_{C_i} = -\sum_j \frac{n(l_j, C_i)}{n(C_i)} * \log \frac{n(l_j, C_i)}{n(C_i)}$$

donde $n(l_j, C_i)$ es el número de documentos en el cluster C_i con una etiqueta l_j y $n(C_i)$ es el número de documentos en el cluster.

Basándonos en lo anterior, la *entropía global de cluster* quedaría como:

$$E_C = \frac{1}{\sum_i n(C_i)} * \sum_i (n(C_i) * E_{C_i})$$

La entropía de cluster refleja la calidad de clusters individuales en términos de homogeneidad de los datos en un cluster; un valor pequeño de esta medida indica una gran homogeneidad. Sin embargo, no mide la compactación de una solución de clustering en términos del número de clusters generados; por ejemplo, un sistema de clusters que genera muchos clusters tiende a tener muy baja entropía de cluster, lo que no es necesariamente deseable.

Para contrarrestar esta deficiencia, se puede usar otra medida de entropía que mide cómo los datos de la misma clase son representados por los diferentes clusters creados; para ello se utiliza la *entropía de clase*.

La entropía de clase para cada clase l_j sería:

$$E_{l_j} = -\sum_i \frac{n(l_j, C_i)}{n(l_j)} * \log \frac{n(l_j, C_i)}{n(l_j)}$$

donde $n(l_j, C_i)$ es el número de documentos en el cluster C_i con la etiqueta l_j y $n(l_j)$ es el número de documentos con la etiqueta l_j.

Por tanto, la *entropía global de clase* quedaría

$$E_l = \frac{1}{\sum_j n(l_j)} * \sum_j (n(l_j) * E_{l_j})$$

Estas dos últimas medidas, entropía de cluster y de clase, utilizan solo las etiquetas de clase predefinidas en la entrada de datos, son independientes de la elección de la representación de características y de la medida de similitud o distancia elegida, por lo que permiten evaluar cualquier sistema de cluster, ahora bien, tienen la desventaja del etiquetado de clases, que no siempre es factible y que en muchas aplicaciones no será deseable.

Pueden combinarse en una medida llamada *entropía global*:

$$E_{cl}(\beta) = \beta * E_c + (1-\beta) * E_l$$

siendo ß un valor entre 0 y 1, que permite dar más importancia a una u otra medida.

Otros autores, como Zhao y Karypis [122, 120], proponen y utilizan, además de la entropía global de cluster, otra medida, la *pureza*, que mide el grado en el que cada cluster contiene documentos de la clase principal. Para cada cluster se define como la fracción del tamaño total del cluster que la clase más grande de documentos asignados a ese cluster representa.

$$P(C_i) = \frac{1}{n(C_i)} * \max_j (n(l_j, C_i))$$

Y la pureza de la solución total será:

$$Pureza = \sum_i (\frac{n(C_i)}{\sum n(C_i)} * P(C_i))$$

La solución de clustering será mejor cuanto mayor sea el valor de la pureza.

Estos autores, Zhao y Karypis, utilizan tanto la entropía de cluster como la pureza para medir soluciones de clustering particionales que generan soluciones de clustering planas. Y para evaluar la calidad de las soluciones jerárquicas utilizan *fscore*.

Fscore identifica para cada clase de documentos aquel nodo en el árbol que mejor la representa; posteriormente mide la calidad global del árbol evaluando este subconjunto de clusters. Para determinar lo bien que un cluster representa a una determinada clase, la medida *fscore* trata cada cluster como si fuese el resultado de una consulta y cada clase como el conjunto de documentos relevantes deseados. De esta forma, el ajuste del cluster a la clase se mide usando el valor *F*, que combina las medidas exhaustividad y precisión.

De una manera más formal, dada una clase particular l_j de tamaño $n(l_j)$ y un cluster particular C_i de tamaño $n(C_i)$, entonces el valor *F* de la clase y el cluster se define como:

$$F(l_j, C_i) = \frac{2 * R(l_j, C_i) * P(l_j, C_i)}{R(l_j, C_i) + P(l_j, C_i)}$$

donde $R(l_j, C_i)$ es la exhaustividad y $P(l_j, C_i)$ la precisión.

El *fscore* de la clase l_j sería el valor máximo de F en cualquiera de los nodos del árbol T, es decir:

$$Fscore(l_j) = max_{C_i \in T} F(l_j, C_i)$$

Y el *fscore* de la solución entera (del árbol entero) se define como la suma de los *fscore* de las clases individuales pesados de acuerdo al tamaño de la clase:

$$Fscore = \sum_j \frac{n(l_j)}{\sum n(l_j)} Fscore(l_j)$$

4.5. Consideraciones

Existe una gran cantidad de algoritmos y técnicas de clustering que han sido probadas obteniendo buenos resultados en entornos de laboratorio y utilizando medidas como la *entropía*, *pureza* y/o *fscore*, pero no se han aplicado de forma masiva a la recuperación de información web debido principalmente a los recursos requeridos, así como por el alto tiempo de respuesta que estos tienen.

Hemos observado que, cuando se han aplicado a la Web, el cálculo de los clusters se realiza a partir de los *snippets* devueltos por un motor de búsqueda, no utilizando todo el documento; además, la mayor parte de ellos utilizan solamente los primeros documentos devueltos por un motor de búsqueda, como es el caso de *vivisimo*, considerado como una de las mejores herramientas de búsqueda actuales que utiliza clustering. Pruebas realizadas con ella nos demostraron que para cada consulta, a pesar de que indica que ha recuperado muchos más documentos, como máximo clusteriza unos 400, basándose en el *snippet* para el cálculo de los clusters. De los trabajos expuestos aplicados a la recuperación web, en solo dos de ellos no se calcula el clustering a partir del *snippet*; el propuesto por He y otros que coge las primeras 500 palabras de cada documento clusterizando solo 120 documentos; y el propuesto por Lin y Kondadadi, que no indica si se basa en todo el documento o solo en el *snippet*. Varios autores [39, 45] afirman que se obtienen mejores resultados con la página completa, pero, debido a que es necesario un tiempo de respuesta aceptable, la mayor parte de los trabajos tiende a utilizar el *snippet* y un conjunto reducido de documentos devueltos por los motores de búsqueda.

Al revisar la literatura, también nos dimos cuenta de que cada autor propone un algoritmo y lo compara con otro, siendo estos algoritmos de similar naturaleza, ahora bien, no evaluando en ningún caso qué tipo de técnicas ofrecen mejores resultados y son preferidas por los usuarios.

De forma resumida podemos decir que las técnicas de clustering no se han aplicado ampliamente a la Web, y que cuando se han utilizado, se ha hecho clusterizando solo unos pocos documentos devueltos por un motor de búsqueda y utilizando solo los *snippets* que devuelven dichos motores. No hay ningún trabajo que utilice páginas web completas. Además, entre otros aspectos, no hemos encontrado ningún estudio que nos confirme empíricamente que las técnicas de clustering son realmente eficientes para las búsquedas y recuperación web, ni tampoco qué tipo de algoritmos (los que ofrecen una solución plana como los particionales o una solución jerárquica) son más eficientes para aplicarlos a la recuperación Web, o si el número de clusters podría afectar a la hora de realizar las búsquedas.

Después de obtener las conclusiones anteriores, creímos que sería conveniente evaluar de forma empírica si las técnicas de clustering con las que se hayan obtenido resultados aceptables en un entorno de laboratorio, aportan mejoras significativas a la recuperación web, y determinar qué tipo de técnicas son mejores y con qué número de clusters se obtienen mejores resultados.

Por otra parte, sería deseable poder realizar dicha evaluación clusterizando páginas completas, porque algunos autores afirman que se obtienen mejores resultados, y, por supuesto, aplicarlo a la mayor cantidad posible de páginas devueltas por un buscador y no solo a las primeras.

Para poder llevar a cabo dicho trabajo, sería necesario disponer de algoritmos rápidos, ofreciendo clusters en un tiempo aceptable, así como clusters de buena calidad.

Capítulo 5

EXPERIMENTOS

5.1. Introducción

En este capítulo se exponen las principales contribuciones conseguidas con este trabajo, así como la forma en que se han desarrollado la investigación y los experimentos realizados.

El objetivo central de este trabajo es evaluar empíricamente y en un entorno real la aplicación de técnicas de clustering en la RI, donde la colección de documentos esté formada por los documentos recuperados por un motor de búsqueda web en respuesta a una consulta planteada por un usuario. De esta forma se podrá determinar, entre otros aspectos, si estas técnicas, en este tipo de entorno y en un tiempo aceptable, ofrecen alguna ventaja a los usuarios a la hora de realizar búsquedas en la Web y, en caso afirmativo, con qué tipo de técnicas o algoritmos y número de clusters se obtienen mejores resultados y se realizan mejores búsquedas.

Concretamente, se pretende determinar si los sistemas de recuperación web que utilizan clusters para mostrar los resultados, ofrecen mejoras respecto a los sistemas que no los utilizan. Para ello, un grupo de usuarios realizarán búsquedas que les permitan satisfacer una necesidad de información, utilizando, por un lado un sistema que muestre sin clusterizar los resultados obtenidos por un motor de búsqueda y, por otro, que los muestre clusterizados, usando para clusterizarlos diferentes algoritmos o técnicas y diferentes números de clusters.

Por tanto, entre otros aspectos, se han definido el sistema necesario para realizar los experimentos, las técnicas utilizadas, el entorno en el que se llevan a cabo, los usuarios que los realizan y las consultas que representan la necesidad de información del usuario.

5.2. Definición del sistema

El estudio que estamos realizando será una aportación que permita mejorar las herramientas de búsqueda en la Web; los resultados obtenidos serán una serie de recomendaciones que podrán considerar los diseñadores de los motores de búsqueda para mejorar los resultados en las búsquedas realizadas por los usuarios; será un módulo que se deberá añadir a la arquitectura del propio motor de búsqueda, es decir, en el lado del servidor y no en la parte cliente. Si quisieramos aplicarlo a una arquitectura centralizada (figura 12), tendríamos que añadir el módulo que realiza el clustering, de tal forma que dicha arquitectura quedase modificada como se puede ver en la figura 23.

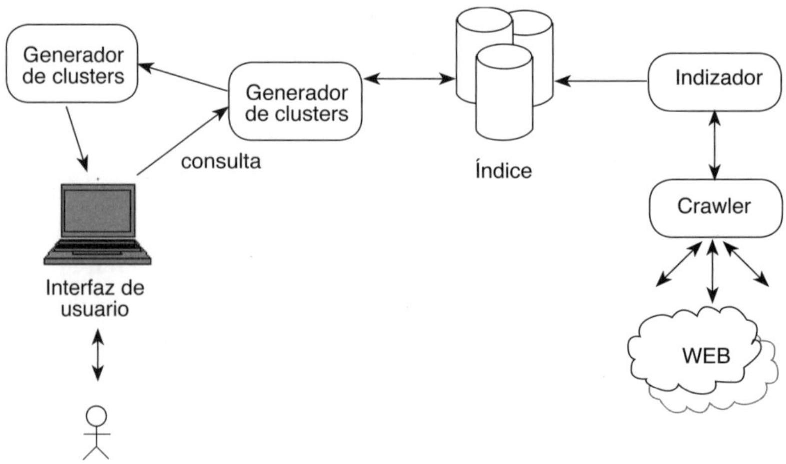

Figura 23: Arquitectura centralizada de un motor de búsqueda que incorpora técnicas de clustering

Por ello, al comenzar la investigación, se vio la necesidad de definir un sistema que permitiese realizar los experimentos, a pesar de que, posteriormente, si se obtuviesen resultados aceptables, dichas técnicas deberían incluirse como un módulo más dentro de la arquitectura de cada buscador.

Como ya se ha visto en capítulos anteriores, existe una gran variedad de posibilidades no solo en cuanto a algoritmos de clustering, sino también en cuanto a modelos de recuperación o herramientas de búsqueda en la Web. Por ello, se creyó conveniente diseñar un sistema para experimentación totalmente modular en el que los módulos sean independientes y reemplazables, de tal forma que permita testear, tanto en el presente como en un futuro, las diferentes posibilidades existentes. Así por ejemplo, si queremos testear dos algoritmos de clustering diferentes, solo deberemos reemplazar el módulo que calcula los clusters, dejando el resto de los módulos inalterados.

La arquitectura del sistema que proponemos cuenta con cinco módulos diferenciados (figura 24):

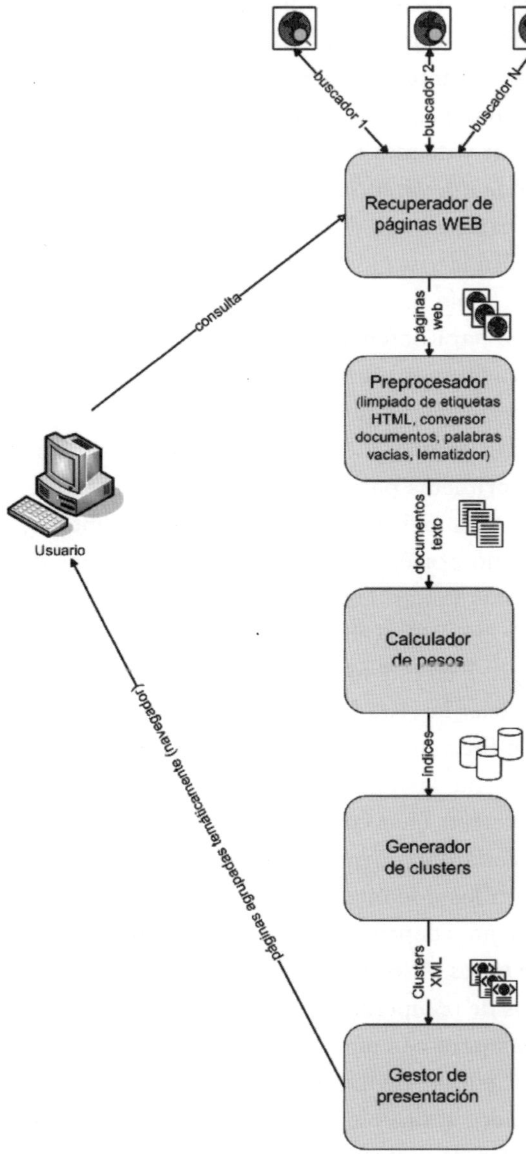

Figura 24: Arquitectura del sistema de recuperación de información web que incorpora técnicas de clustering propuesto para experimentación

- ***Recuperador de páginas web.*** Este módulo permitirá lanzar una consulta planteada por el usuario a un buscador y, en respuesta, recuperará todas las páginas devueltas por el buscador que respondan a esa consulta.

  La entrada a este módulo será la consulta de usuario, y la salida serán las páginas devueltas por los buscadores que responden a dicha consulta.

  Existen diferentes motores de búsqueda, pero, independientemente del utilizado, la salida siempre debe ser la misma; por ello, se consideró que debía ser un módulo independiente. Además, la consulta se podría lanzar sobre varios buscadores y de esta forma ampliar la cobertura web.
- ***Preprocesador de documentos.*** La entrada a este módulo está compuesta por el conjunto de páginas web devueltas por el *recuperador de páginas*, y como salida se obtendrá la vista lógica de cada página web.

  Este módulo debía ser independiente del resto por diferentes motivos. Primero, porque para obtener la vista lógica que represente a cada página o documento devuelto por un buscador, tenemos varias opciones, por ejemplo se puede obtener a partir del *snippet*, pero también podríamos considerar obtenerla a partir del documento o página completa, e incluso a partir únicamente de las *n* primeras palabras de cada página. El segundo motivo es que para obtener la vista lógica se pueden aplicar diferentes operaciones según las necesidades, como por ejemplo eliminación de signos de puntuación, eliminación de palabras vacías, lematización, etcétera.

  Al tratarse de páginas web donde los formatos son muy diversos (HTML, word, postscript...), en este módulo y antes de aplicar o realizar ninguna operación para obtener la vista lógica, deberíamos dejar cada página web como documentos sin formato. Para ello, si trabajamos con el *snippet*, se deberían eliminar únicamente las etiquetas HTML, ahora bien, si se trabaja con el documento completo o bien con parte del documento, habrá que realizar la conversión de cada documento y, así, se realizará tanto un limpiado de etiquetas html para los documentos con este formato como una conversión del resto de documentos dependiendo de su formato.
- ***Calculador de pesos.*** A lo largo de los años, al igual que se iban proponiendo nuevos modelos de recuperación de información, también se proponían diferentes esquemas para calcular el peso de un término en un documento (ver capítulo 2); por ello se tienen disponibles y se pueden utilizar diferentes esquemas de pesado, ahora bien, este módulo siempre tendrá como entrada la vista lógica de los documentos, es decir, el conjunto de términos que representan a cada uno de los documentos, y como salida, el peso de cada término en cada documento de la colección utilizando el esquema elegido.

Para el cálculo de los pesos se necesitan realizar diferentes operaciones previamente, por lo que el *calculador de pesos* también tendría diferentes submódulos, entre otros el que realiza la indización, el que calcula la frecuencia de los términos en cada documento o el que hace propiamente el cálculo de los pesos.

- ***Generador de clusters.*** En este módulo se genera una solución de clustering utilizando el algoritmo de clustering elegido. Existen diferentes herramientas o aplicaciones para la generación de clusters que tienen implementados diferentes algoritmos; cada una de ellas necesita como entrada la información de los objetos a clusterizar, y como salida ofrecen los objetos agrupados, siendo habitualmente diferente para cada aplicación el formato de la información de entrada y salida. Por ello, en este módulo, además de calcular la solución de clustering, para cada algoritmo y/o aplicación a utilizar, debemos preparar los datos con los pesos que se han obtenido en la etapa anterior con el formato requerido, y también, una vez obtenida la solución, se debe convertir la información de salida de cada algoritmo a un formato que posteriormente utilizará el siguiente módulo (*gestor de presentación*) para presentársela al usuario. Debido a la portabilidad y la facilidad de conversión que nos ofrece el lenguaje de marcas XML[1] [36], se creyó conveniente utilizar este lenguaje para almacenar esta información de salida. El formato de la misma debe ser tal que posteriormente nos permita presentar al usuario los clusters que hayan sido obtenidos con cualquier algoritmo o técnica de clustering, tanto si la solución genera clusters planos como si los genera jerárquicos, así como cualquier número de clusters. Para diseñar el formato necesario para almacenar esta información hay que tener en cuenta tanto la información relativa a cada cluster (identificador de cluster, documentos que contiene, características que describen dicho cluster, y en el caso de los jerárquicos tanto los clusters hijo que tiene como el cluster padre) como la información de los documentos que pertenecen a cada cluster (identificador del documento, URL de la página web, términos de dicho documento, etcétera); en la figura 25 se puede ver el formato del documento XML que almacenará toda la información:

[1] eXtensible Markup Language.

```
  <?xml version="1.0" encoding="ISO-8859-1" ?>
  <!DOCTYPE informacion (View Source for full doctype...)>
- <informacion>
  - <documentos>
    - <documento identif="d1">
        <enlace>http://www.enlace.com</enlace>
        <local>file://www.enlace.com</local>
        <nombrefile>d1</nombrefile>
        <titulo>titulo1 del primer documento</titulo>
        <snippet>texto del snippet del primer documento</snippet>
      - <terminos>
          <termino>texto</termino>
          <termino>snippet</termino>
        </terminos>
      </documento>
    + <documento identif="d2">
    </documentos>
  - <clusters>
    - <cluster idcluster="c1" padre="c-1">
        <nombre>cluster1</nombre>
      - <docs>
          <dc identif="d1" />
          <dc identif="d2" />
        </docs>
      - <hijos>
          <hijo>c2</hijo>
          <hijo>c3</hijo>
        </hijos>
      - <caracteristicas>
          <carac>primera</carac>
          <carac>segunda</carac>
        </caracteristicas>
      </cluster>
    + <cluster idcluster="c2" padre="c1">
    </clusters>
  </informacion>
```


Figura 25: Documento XML en el que se almacena la información referente a los documentos devueltos por el motor de búsqueda y los clusters generados

Como se puede observar, este módulo tiene que ser independiente, ya que de esta forma, el siguiente no habrá que modificarlo aunque en este se utilicen diferentes algoritmos para clusterizar los documentos.

- ***Gestor de presentación o visualizador.*** A partir de la salida del módulo anterior, se le mostrará al usuario en el navegador la información de las páginas web recuperadas, agrupadas temáticamente. Este módulo, independientemente de las técnicas utilizadas en el resto de los módulos, siempre mostrará al usuario la información de la misma forma y, por tanto, será un módulo que no será necesario modificar una vez implementado. Se creyó conveniente que la interfaz fuese muy similar a la que actualmente tiene cualquier buscador, de forma que esta sea familiar para el usuario y además no le cueste aprender a utilizarlo; de este modo, todos sus esfuerzos se centrarán en evaluar si los clusters o grupos le ayudan a resolver su necesidad de información.

Por ello, pensamos que una interfaz adecuada sería aquella que tuviese dos partes claramente diferenciadas (figura 26): en la parte de la izquierda, se mostrarían todos los clusters y, en la derecha, se mostraría todo el listado de páginas ubicadas en el cluster que el usuario haya seleccionado.

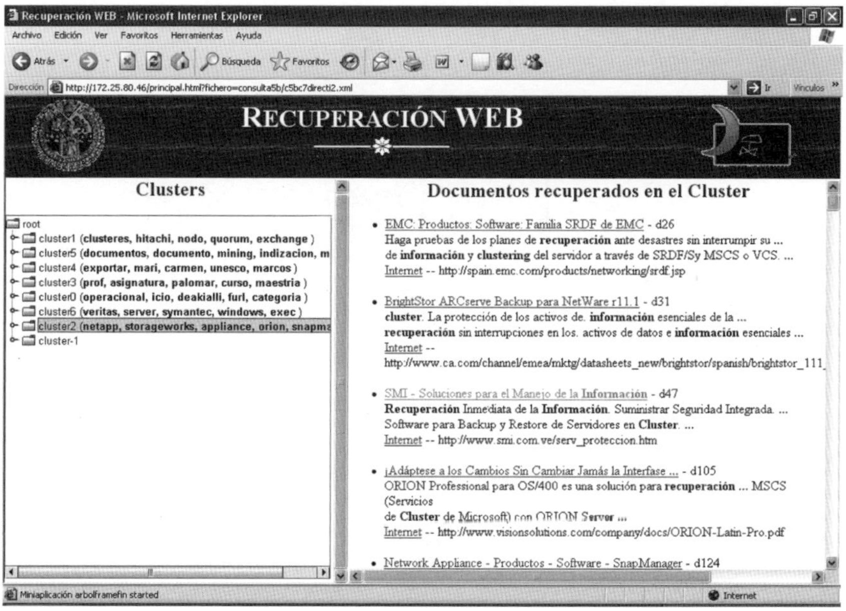

Figura 26: Interfaz para mostrar los documentos clusterizados a los usuarios

Todos y cada uno de estos módulos deben ser independientes entre ellos y tener unas entradas y salidas claramente definidas tal y como se ha explicado. De este modo, cualquiera de ellos podría ser sustituido por otro.

5.3. Diseño e implementación del sistema

Los experimentos se llevarán a cabo en un entorno real en el que el usuario podrá evaluar, por un lado, la respuesta a una consulta tal y como la ofrece un buscador, como por ejemplo Google, y por otro, esa misma respuesta, mostrando los documentos clusterizados en grupos temáticos. Por ello, una vez propuesto y definido un sistema para experimentación y basándonos en el mismo, se especificaron, analizaron e implementaron las aplicaciones necesarias que nos permitiesen desarrollarlo.

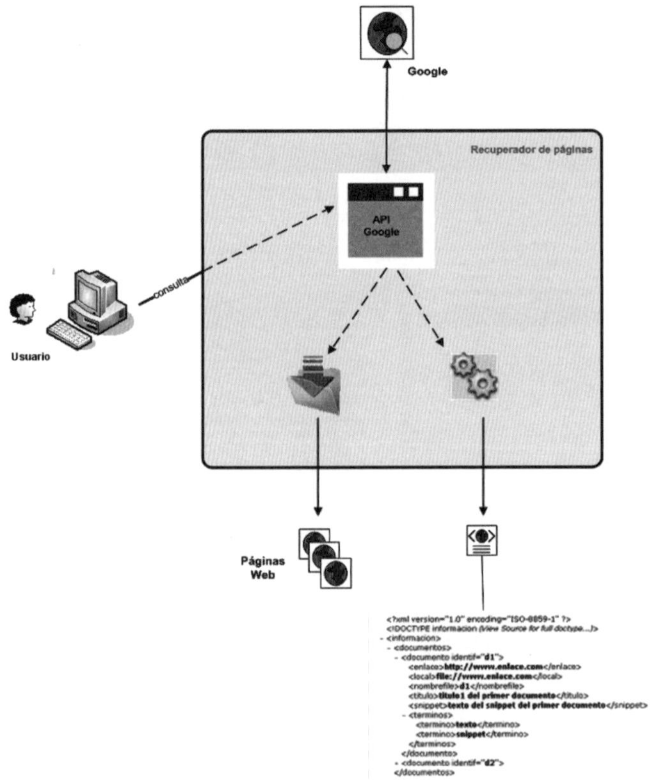

Figura 27: Recuperador de páginas web

Primero se tuvo que diseñar e implementar el *recuperador de páginas web* (figura 27) para obtener las páginas que responden a cada consulta propuesta. Para los experimentos utilizamos solo un buscador, concretamente elegimos Google[2], ya que es uno

[2] http://www.google.es (revisado en enero del 2007).

de los buscadores más utilizados y, además, dispone de un API[3] (*Application Programming Interface*) en diferentes lenguajes de programación para poder programar dicho módulo. Con este módulo o aplicación se lanzaron cada una de las consultas elegidas al motor de búsqueda. Para cada una de ellas, se especificó que devolviese como máximo 1000 resultados; la elección de este número vino determinada por la cantidad de páginas que los usuarios tienen accesibles cuando realizan una búsqueda en un buscador.[4]


```
<?xml version="1.0" encoding="ISO-8859-1" ?>
<!DOCTYPE todo (View Source for full doctype...)>
- <informacion>
  - <documentos>
    - <documento identif="d1">
        <enlace>http://www.turismoenladocta.com.ar/</enlace>
        <local>http://172.25.80.46/consulta3/web/www.turismoenladocta.com.ar/index.html</local>
        <nombrefile>d1</nombrefile>
        <titulo><b>Turismo</b> <b>Cordoba</b> Argentiña - Hoteles</titulo>
        <snippet><b>Cordoba</b> Argentina Guia turistica de la Provincia de <b>Cordoba</b> Argentina, con<br>
          alojamientos, circuitos, mapas, rutas, cabañas, hoteles y hosterias, camping, <b>...</b></snippet>
        <terminos />
      </documento>
    - <documento identif="d2">
        <enlace>http://www.turiscordoba.es/</enlace>
        <local>http://172.25.80.46/consulta3/web/www.turiscordoba.es/index.html</local>
        <nombrefile>d2</nombrefile>
        <titulo>Patronato de <b>Turismo</b> de <b>Córdoba</b></titulo>
        <snippet>Boletines. <b>Turismo</b> en la Provincia - N 1 <b>...</b> Patronato Provincial de <b>Turismo</b><br>
          de C ba &middot; Diputaci eC ba &middot; Andaluc Te Quiere.</snippet>
        <terminos />
      </documento>
    - <documento identif="d3">
        <enlace>http://www.guiaunica.com.ar/turismo/c%C3%B3rdoba.htm</enlace>
        <local>http://172.25.80.46/consulta3/web/www.guiaunica.com.ar/turismo/c%C3%B3rdoba.htm</local>
        <nombrefile>d3</nombrefile>
        <titulo>Guia unica - <b>Turismo</b> - <b>Cordoba</b></titulo>
        <snippet>www.guiaunica.com.ar. <b>Turismo</b> <b>...</b> <b>Córdoba</b> es quizás la provincia con mayor
          oferta<br> turística del país. Podemos distiguir las siguientes zonas:. El Norte: <b>...</b></snippet>
        <terminos />
      </documento>
      <documento identif="d4">
```


Figura 28: Ejemplo de un documento XML donde se almacena la información relativa a todos los documentos o páginas devueltas por el motor de búsqueda

Para cada página se almacenó en un documento XML como el de la figura 28 la siguiente información: un *identificador* para identificar el documento o página de forma única, una URL *(enlace)* que será la url donde está alojada la página en Internet, una URL *local (local)* que será la url donde se alojará la página en nuestro servidor web, nombre del fichero *(nombrefile)* donde se almacenará la página en texto sin formato, el *snippet* devuelto por el buscador y, por último, los *términos* que serán el conjunto de términos índice de cada documento.

[3] www.google.com/apis/ (revisado en marzo del 2006).

[4] Se han realizado pruebas en diferentes buscadores (www.google.es, www.yahoo.es, www.altavista.es) y, a pesar de que casi siempre indican que se ha obtenido un número alto de resultados, el usuario solo puede navegar hasta un máximo de mil páginas.

Para cada consulta se indicó que devolviese un máximo de mil resultados, pero, a pesar de ello, hubo consultas para las que el motor de búsqueda ofreció menos resultados. De las 17 consultas que se realizaron, en dos de ellas se obtuvieron solamente unos 500 resultados, y en otras dos, 940.

Para los experimentos se trabajó con documentos completos, porque algunos autores [45, 39] afirman que de esta forma se obtienen mejores resultados que si se utiliza solo el *snippet* o las *n* primeras palabras del documento; por ello este módulo, el *recuperador de páginas web*, también se encargó de descargar las páginas devueltas por el buscador, para que el siguiente las pudiese preprocesar. Además se creyó conveniente descargar a un sitio local todas las páginas con todos los elementos necesarios para visualizarlas, ya que la Web, como se ha comentado, es muy dinámica y volátil, pudiendo provocar que los usuarios, durante los experimentos, no recuperen la información adecuada si acceden directamente a la ubicación original de la página web en Internet; esto podría deberse a dos motivos: en primer lugar, porque desde que se preparan los experimentos hasta que se realizan pueden pasar varios días y, en segundo lugar, porque los experimentos pueden realizarse en varias sesiones en diferentes días, pudiendo ocurrir en ambos casos que el contenido de las páginas web haya cambiado o incluso que las propias páginas no estén disponibles.

Posteriormente, se implementó el *preprocesador de documentos* (figura 29); con él se obtiene la vista lógica de todos y cada uno de los documentos devueltos para cada consulta; para ello, primero se convirtieron todos los documentos a texto sin formato y posteriormente se eliminaron signos de puntuación, palabras vacías, y se realizó una lematización suave. Dentro de las palabras vacías se han incluido una serie de términos muy frecuentes en las páginas web como por ejemplo *img*, *gif*, *icon*... (ver apéndice A para la lista completa) ya que pruebas preliminares realizadas sin eliminar dichos términos demostraron que los resultados no eran adecuados.

A partir de la vista lógica y con el *calculador de pesos* (figura 30), se obtuvieron los pesos de cada término en cada documento, concretamente para nuestro sistema se eligió el esquema *ntc*[5] porque es el más utilizado.

Una vez obtenido el peso de cada uno de los términos en los documentos, el *generador de clusters* (figura 31) calculó los clusters o grupos de documentos utilizando la

[5] Este esquema calcula el peso de un término utilizando *tf-idf* y aplicando un factor de normalización para normalizar el tamaño del documento. Para calcular el *tf* se calcula la frecuencia del término en el documento ($f_{i,j}$), o, lo que es lo mismo, el número de veces que aparece el término k_i en el documento d_j. El idf lo calculamos mediante $\log \frac{N}{n_i}$, siendo N el número total de documentos y n_i el número de documentos donde aparece el término k_i. Y una vez calculado el peso se normaliza mediante $\frac{1}{\sqrt{\sum_{i=1}^{m} w_{i,j}^2}}$.

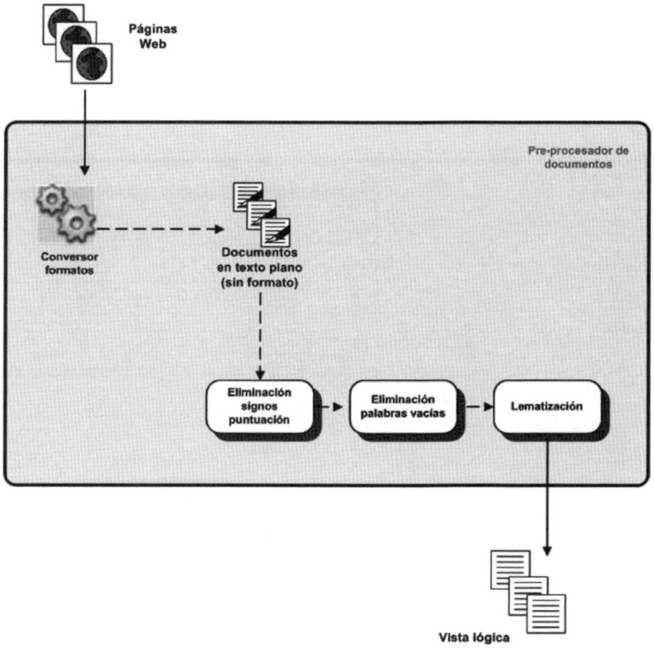

Figura 29: Preprocesador de documentos

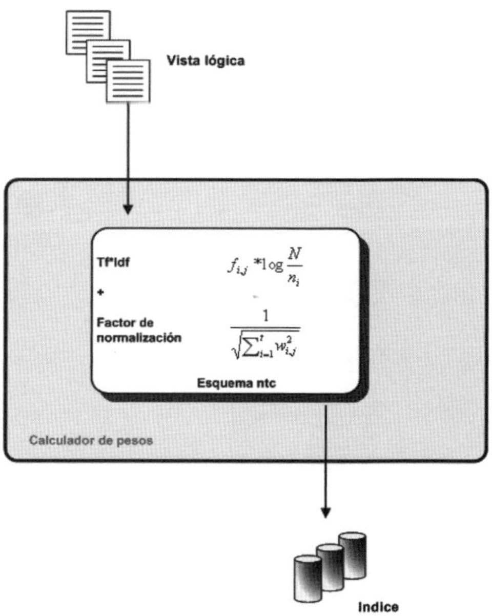

Figura 30: Calculador de pesos

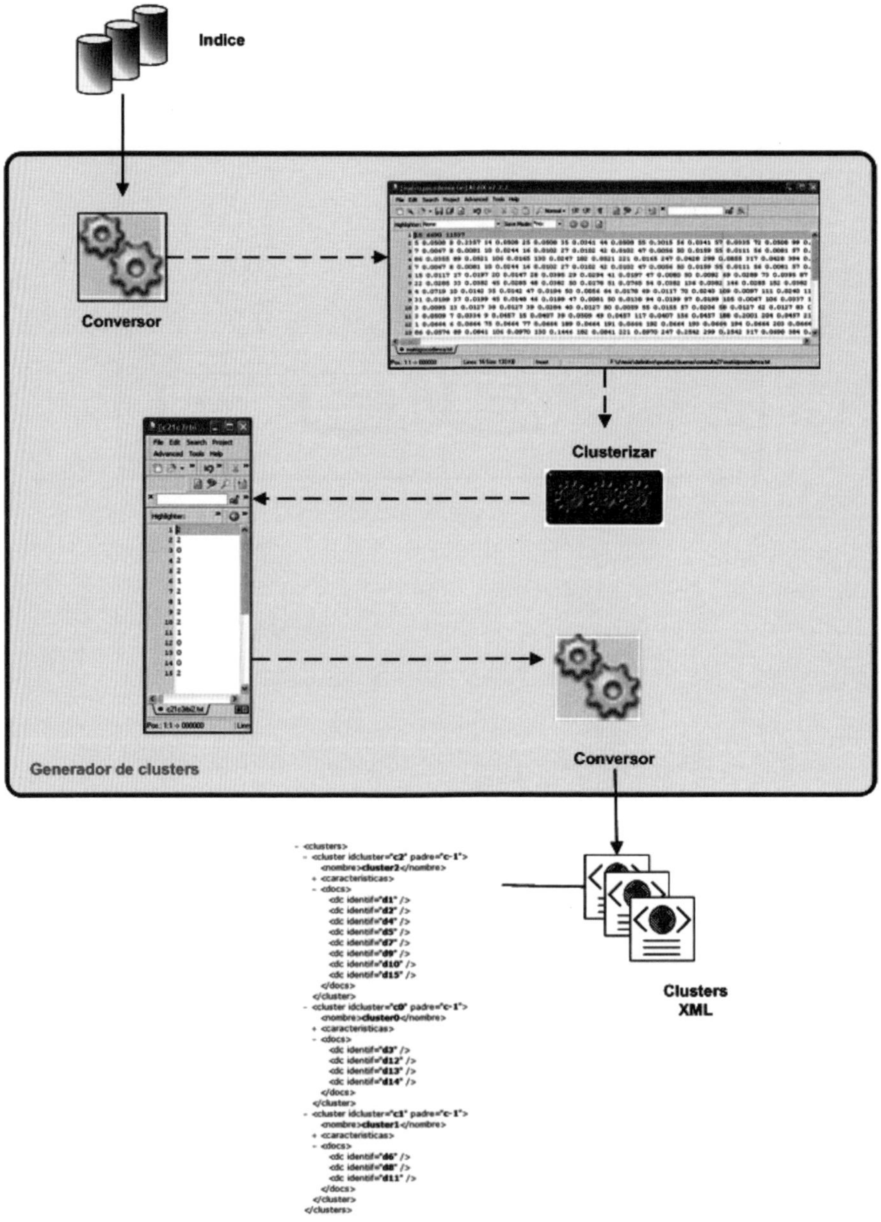

Figura 31: Generador de clusters

herramienta de clustering CLUstering TOolkit. Para ello, primero se convirtió la información ofrecida por el *calculador de pesos* al formato requerido por la herramienta de clustering y, además, una vez generados los clusters, también se convirtió la información de los mismos al formato requerido para el *gestor de presentación*.

La herramienta de clustering admite la información de los objetos (documentos) a clusterizar en dos formatos diferentes. Uno de ellos es una matriz de objetos-objetos (documentos-documentos), que contiene la similitud entre los objetos a clusterizar; y el segundo, como una matriz de características-objetos (términos-documentos) en la que se especifican cada uno de los objetos (documentos) a clusterizar con las características (los pesos de cada término en cada documento) que los describen. Para llevar a cabo los experimentos se ha utilizado una matriz de términos-documentos. Cada fila de esta matriz representa un documento, y las diferentes columnas representan cada uno de los términos de los documentos, siendo cada una de las entradas de la matriz la importancia o peso de un determinado término para describir el documento de esa fila. Dicha matriz se puede suministrar en dos formatos diferentes: uno de ellos es adecuado para matrices densas (figura 32) o matrices en las que hay pocos términos cuyo peso toma un valor 0, y el segundo, adecuado para matrices poco densas (figura 33); para nuestros experimentos hemos elegido el segundo formato, porque la mayor parte de los pesos de los términos que describen cada documento toman un valor igual a 0.

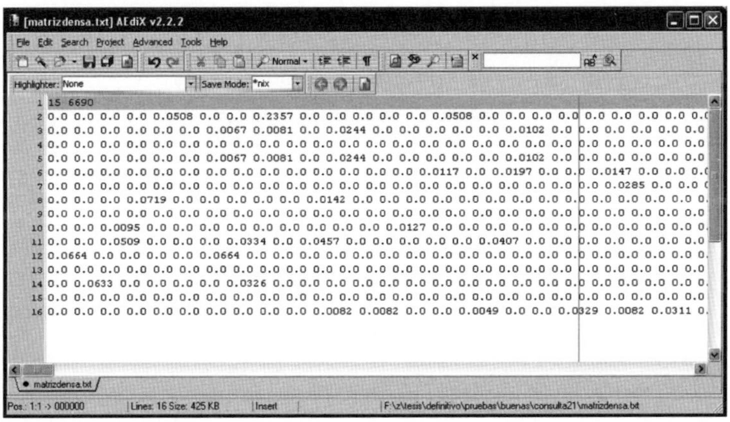

Figura 32: Ejemplo de un fichero que almacena la información de una matriz términos-documentos con 15 documentos y 6.690 términos utilizando el formato adecuado para matrices densas

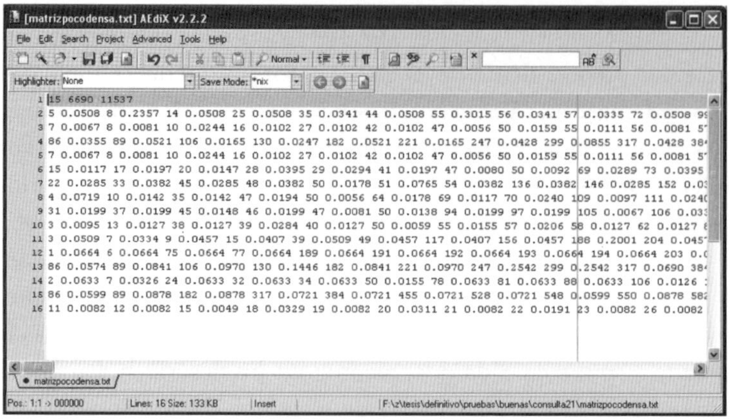

Figura 33: Ejemplo de un fichero que almacena la información de una matriz términos-documentos con 15 documentos, 6.690 términos y 11.537 entradas con un valor distinto de 0, utilizando para ello el formato adecuado para matrices poco densas

	t1	t2	t3	t4	t5	t6	t7	t8
doc1	0.002							
doc2		0.023			0.018			0.057
doc3		0.154					0.032	
doc4			0.071			0.015		
doc5	0.112			0.003	0.013			0.022
doc6	0.714				0.039			

Matriz términos-documentos .

6	8	14					
1	0.002						
2	0.023	5	0.018	8	0.057		
2	0.154	7	0.032				
3	0.071	6	0.015				
1	0.112	4	0.003	5	0.013	8	0.022
1	0.714	5	0.039				

Fichero de entrada a la herramienta

Tabla 7: Fichero con la información correspondiente a la matriz términos-documentos de los documentos a clusterizar. Dicha matriz está formada por 6 documentos, 8 términos y 14 entradas distintas de 0

El fichero que contiene la información de dicha matriz (ver tabla 7 y figura 33) solo almacena las entradas que tienen un valor distinto de 0, y tendrá n+1 líneas, siendo n el número de documentos; en la primera línea contiene la información sobre el tamaño de la matriz; concretamente tiene tres enteros, siendo el primero el número de filas, el segundo el número de columnas y el tercero el número de entradas de la matriz que tienen un valor distinto de 0. El resto de las líneas tendrá pares de valores, donde cada par contiene el número de columna seguido del valor del peso para esa columna (término).

Para almacenar la solución de clustering calculada utiliza dos tipos de ficheros. En el primero de ellos almacena la solución de clustering, es decir, los documentos y los clusters a los que pertenecen. Y en el segundo, que solo se crea si se calcula una solución jerárquica, se almacena el árbol con la solución.

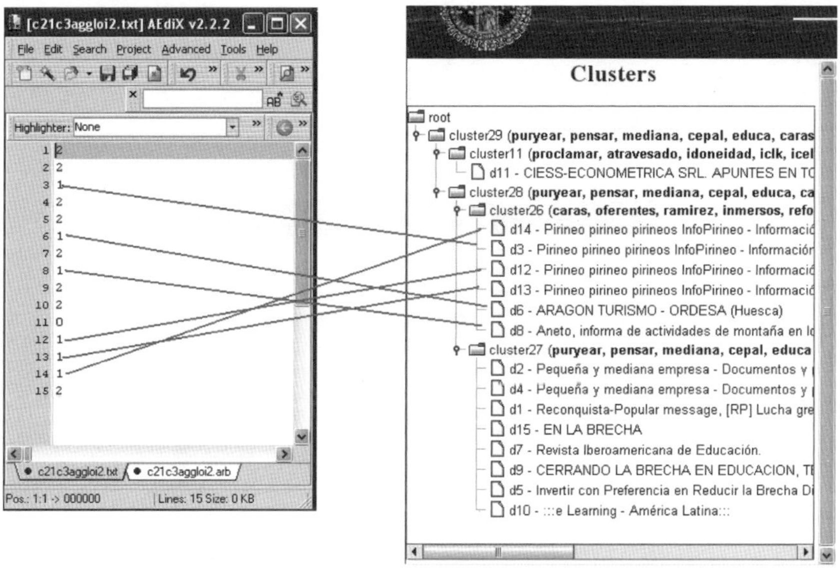

Figura 34: Ejemplo de un fichero de salida con la solución de clustering jerárquico y su correspondiente visualización generada por el gestor de presentación

El fichero que almacena la solución de clustering será un fichero con tantas líneas como documentos clusterizados (figuras 34 y 35) y en cada una de ellas tiene un entero que indica el cluster al cual pertenece el documento correspondiente a esa línea. Si algún documento no se pudiese incluir en ningún cluster, en la línea correspondiente a ese documento se almacena el valor –1.

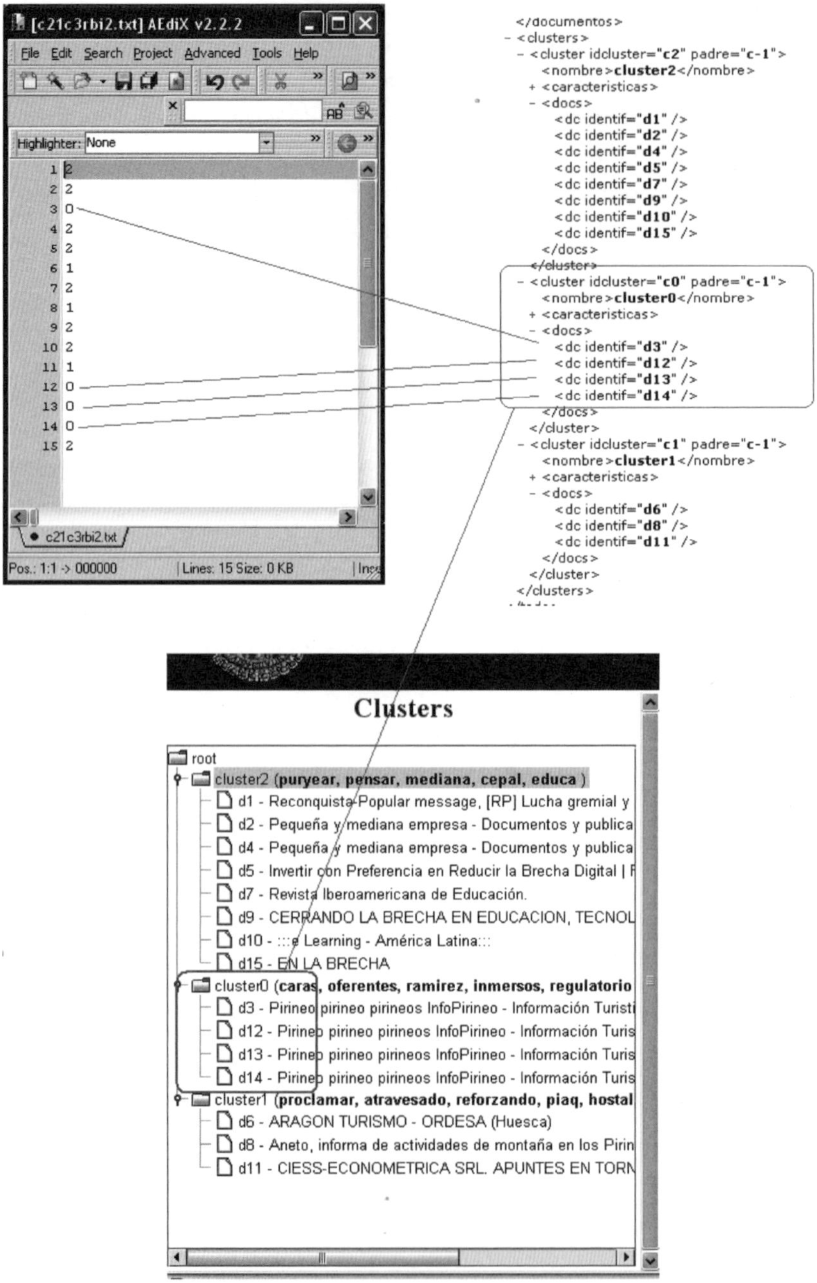

Figura 35: Ejemplo de un fichero de salida con la solución de clustering plano, su representación en el fichero XML y su correspondiente visualización generada por el gestor de presentación

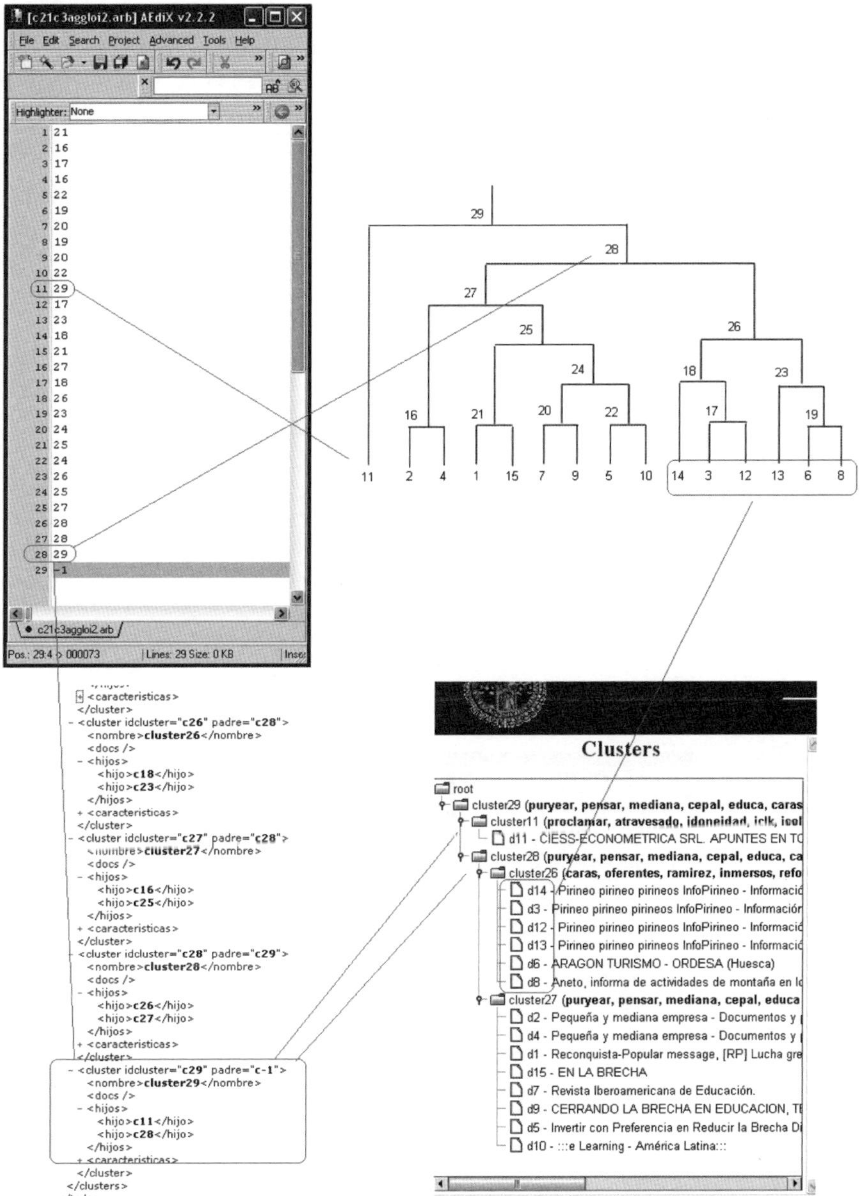

Figura 36: Ejemplo de un fichero de salida con el árbol correspondiente a la solución de clustering generada, su árbol representado como un dendograma, el fichero XML donde se almacena dicha información y su correspondiente visualización generada por el gestor de presentación

El fichero que almacena el árbol (ver figura 36) con la solución tendrá $2 * n - 1$ líneas, siendo n el número de documentos clusterizados. Cada una de estas líneas tiene un entero que indica el nodo padre del nodo correspondiente a esa fila. El nodo raíz tendrá el valor *–1*.

Por último, se desarrolló el *gestor de presentación* (figura 37) que, a partir de los clusters calculados por el *generador de clusters* y convertidos al formato requerido, ofrecerá al usuario en el navegador los resultados devueltos por el buscador clusterizados temáticamente (ver figura 26).

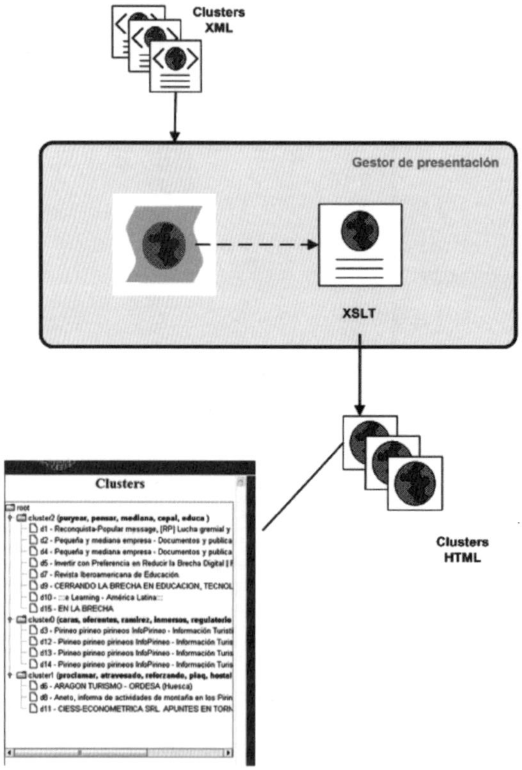

Figura 37: Gestor de presentación

Para la implementación de los diferentes módulos y aplicaciones se han utilizado principalmente los lenguajes Java y C, así como el lenguaje de marcas XML y el de transformación XSLT[6] [37], además algún módulo se ha desarrollado en Perl y, entre otras, se han utilizado herramientas para descargar las páginas y conversores de formatos.

[6] eXtensible Stylesheet Language Transformation.

5.4. Algoritmos de clustering

Como ya se comentó en el capítulo anterior, los algoritmos de clustering a utilizar deben ofrecer soluciones de calidad en un tiempo aceptable cuando se trabaja con grandes cantidades de objetos que tienen muchas características, ya que tendrán que clusterizar todos los documentos completos devueltos por un motor de búsqueda. Por otra parte, también se necesitan diferentes técnicas o soluciones de clustering. Por un lado, se necesitan algoritmos que nos ofrezcan soluciones planas, como por ejemplo los algoritmos particionales, y por otro, algoritmos que ofrezcan soluciones jerárquicas, como por ejemplo los aglomerativos o divisivos. Existen varias herramientas que ya tienen implementados este tipo de algoritmos obteniendo buenos resultados en otras áreas. Algunas de ellas son *Cluster 3*, *Cluster* y *CLUstering TOolkit*. *Cluster 3* [59] fue desarrollada por Hoon y otros para utilizarlo en un entorno bioinformático; es una librería de código abierto que tiene implementados los algoritmos de cluster más utilizados. Entre otros, tiene el *k-means* y *k-medians* para representar los documentos como una solución plana y el *aglomerativo* con las funciones *single link*, *complete link* y *average* para representarlo como un árbol. *Cluster,* desarrollada por Borgelt,[7] tiene implementados el clásico *k-means*, pero además podríamos utilizarlo para hacer *fuzzy clustering* o *clustering borroso*. Y la última de ellas, *CLUTO*, desarrollada por Karypis y Zhao [122, 65, 123], ofrece una gran cantidad de algoritmos tanto particionales como aglomerativos; sus autores han realizado pruebas con colecciones de documentos controladas en un entorno de laboratorio obteniendo muy buenos resultados. Pruebas preliminares realizadas con estas herramientas nos llevaron a elegir *CLUTO* como la más adecuada para nuestros experimentos; la elección fue motivada principalmente por los buenos resultados que ofrecía en un entorno de laboratorio con colecciones controladas, por el bajo coste computacional y tiempo de respuesta y por ofrecer más posibilidades que cualquier otro.

5.4.1. Herramienta CLUstering TOolkit

CLUstering TOolkit es una herramienta que ofrece varios algoritmos de clustering que se basan en tres paradigmas diferentes: particional, aglomerativo y particionamiento de grafos; han sido optimizados para trabajar con grandes cantidades de objetos y de características, por lo que todos ellos tienen un relativo bajo coste computacional y producen soluciones de muy alta calidad.

[7] http://fuzzy.cs.uni-magdeburg.de/ borgelt/cluster.html

Tratan el problema de clustering como un proceso de optimización que se basa en maximizar o minimizar una función criterio particular definida de forma global o local sobre la solución completa. Para ello, los algoritmos tienen dos componentes: una función criterio, que será optimizada por la solución de clustering, y el algoritmo que logra esta optimización.

Entre otras, esta herramienta tiene opciones para identificar las características que mejor describen y/o discriminan cada cluster, para analizar los clusters descubiertos y las relaciones existentes entre los objetos asignados a cada cluster y las existentes entre los diferentes clusters e incluso para visualizar gráfica y textualmente las soluciones calculadas. Además, para calcular la similitud entre objetos, dispone de varias medidas como la *función coseno*, la *distancia euclídea* y el *coeficiente extendido de Jaccard*.

Algoritmos y funciones criterio

Los métodos o algoritmos de que dispone son los siguientes:

- *Direct K-way*: es un algoritmo particional que genera los *k* clusters calculándolos simultáneamente.
- *Repeated Bisections*: este algoritmo también es particional, y la solución de clustering se calcula realizando una secuencia de *k*–1 divisiones. Los objetos se dividen en dos grupos; posteriormente, uno de los grupos se selecciona y se vuelve a dividir, obteniendo así tres grupos. Este proceso de seleccionar un grupo y dividirlo continúa hasta que se obtiene el número de clusters deseados. En cada paso o iteración se debe seleccionar el siguiente cluster que hay que dividir, existiendo para ello varias opciones; en nuestro caso, hemos elegido aquella que selecciona el cluster cuya división optimizará al máximo el valor de la función criterio utilizada. Este algoritmo también puede considerarse como un algoritmo divisivo y por ello generar una solución jerárquica, a pesar de que para el cálculo de cada nuevo cluster se basa en una estrategia particional.
- *Repeated Bisections Refinement*: este algoritmo es muy similar al anterior, y la forma de obtener la solución de cluster es la misma, pero en este caso la solución final es optimizada de forma global.
- *Agglomerative (Aglomerativo)*: con este método se genera la solución mediante un paradigma aglomerativo en el que, inicialmente, existen tantos clusters como documentos y, de forma repetida, se van uniendo o juntando clusters hasta que se forma el árbol completo.

- *Graph*: en este caso, la solución de clustering se calcula modelando los objetos como un grafo, donde cada objeto es un vértice y se conecta a sus objetos más similares; posteriormente, el grafo es divido en los *k* clusters deseados utilizando un algoritmo de *particionamiento de grafos.*
- *Agglomerative Constrained*: con este algoritmo, se crean clusters intermedios por medio de un método particional y, posteriormente, se lleva a cabo un proceso de aglomeración. Concretamente, este algoritmo tiene dos pasos: en el primero, para cada cluster intermedio obtenido mediante una estrategia particional se construye un árbol utilizando un algoritmo aglomerativo, y en el segundo se combinan en un único cluster los diferentes subárboles obtenidos en el primer paso, considerando cada subárbol como una hoja.

La herramienta utiliza los algoritmos anteriores junto con una *función criterio*, y calculará la solución de clustering de tal forma que el valor de dicha función es optimizado. Las funciones criterio que utilizan con los diferentes algoritmos (I_1, I_2, I_3, E_1, E_2, H_1, H_2) se explicaron detalladamente en el capítulo 4, epígrafe 4.3.1.2.

Además, los autores indican que dichas funciones criterio se podrán utilizar para cualquier tipo de algoritmo, incluso para los aglomerativos. Aunque para los aglomerativos también ofrece los clásicos esquemas: *single link (slink)*, *complete link (clink)* y *group average* (*UPGMA*[8]) (ver capítulo 4, epígrafe 4.3.2.1).

En los algoritmos particionales, la optimización de la función criterio se lleva a cabo en dos pasos o fases:

1. *Agrupamiento inicial.* Si el número de clusters deseados es *k*, entonces se seleccionan aleatoriamente *k* objetos que formarán la semilla de estos *k* clusters. Después, se calcula la similitud de cada objeto a cada una de las *k* semillas, y dicho objeto se asigna al cluster cuya similitud es mayor.
2. *Refinamiento.* El objetivo de esta fase es coger la solución inicial e iterativamente refinarla. Para ello, se realizarán una serie de iteraciones y, en cada una de ellas, se visitarán los objetos de forma aleatoria. Para cada objeto d_i, se calcula el valor de la función criterio suponiendo que el objeto d_i pertenece a cada uno de los otros k–1 clusters. Si existe algún valor mejor, entonces d_i se mueve al cluster con el que se logra una mejora. Si no existe ninguna mejora, se deja en el mismo cluster. Esta fase de refinamiento concluye cuando se realiza una iteración en la que no hay ningún documento que se mueva de cluster.

[8] Unweight Pair Group Method with Arithmetic Means.

Esta forma de trabajo no garantiza que se converja a un mínimo global y, además, el mínimo local obtenido depende de la semilla de objetos que se seleccionaron para obtener el clustering inicial. Para eliminar esta sensibilidad, el proceso global se repite varias veces y se quedará con la mejor solución. Este proceso se lleva a cabo cuando se utilizan los algoritmos *Direct K-way*, *Repeated Bisections*, *Repeated Bisections Refinements* y para la partición inicial del *Agglomerative Constrains*. Así, para obtener por ejemplo una solución de 10 clusters con *Direct K-way*, se seleccionarán 10 objetos aleatoriamente y se irán asignando el resto de objetos tal y como se ha explicado. En el caso del algoritmo *Repeated Bisections*, se calcula de forma similar, pero solamente dos objetos son seleccionados aleatoriamente y actuarán de semilla.

La herramienta permite generar soluciones aglomerativas con los esquemas tradicionales, pero, además, también permite utilizar con estos algoritmos las funciones criterio expuestas para los algoritmos particionales; para ello, consideramos una colección de n objetos y la solución de clustering que ha sido calculada después de realizar x agrupamientos. Esta solución tendrá exactamente $n-x$ clusters, ya que en cada agrupamiento se reduce en 1 el número de clusters. Si tenemos una solución con $n-x$ clusters, en el siguiente paso se seleccionará el par de clusters que lleven a la solución $n-x-1$ que optimiza la función criterio elegida. Es decir, se evalúa cada uno de los $(n-x)*(n-x-1)/2$ pares posibles de agrupamientos, y se elegirá aquel que lleve a la solución que tiene el máximo o mínimo valor de la función criterio que se esté utilizando.

Evaluación

Los autores de la herramienta han evaluado tanto los diferentes algoritmos como las diferentes funciones criterio para el clustering de documentos [122, 121]. Sus experimentos les llevaron a afirmar que hay un conjunto de algoritmos y funciones criterio que producen las mejores soluciones de clustering y que superan al resto.

Utilizaron diferentes colecciones de documentos evaluando de forma separada los algoritmos basados en un paradigma particional que permiten crear soluciones planas, y los diferentes algoritmos con los que se crean soluciones jerárquicas. Para cada colección de documentos utilizada, se calcularon soluciones con 5, 10, 15 y 20 clusters, utilizando para ello distintos algoritmos y diferentes funciones criterio. La calidad de cada solución se medía utilizando etiquetas de clases de los documentos asignados a cada cluster. Para las estrategias o técnicas particionales, dicha calidad se medía utilizando dos métricas (ver capítulo 4, epígrafe 4.4): la primera de ellas es *entropía*, que evalúa la homogeneidad de los objetos en cada cluster y la segunda, *pureza*, que mide el grado en el que cada cluster, contiene documentos de la clase principal. Para evaluar la calidad de la solución jerárquica se utiliza *fscore* (ver capítulo 4, epígrafe 4.4).

Respecto al algoritmo *Direct K-way,* afirman que la calidad de los clusters mejora según se incrementa su número. Además, las funciones criterio I_2 y H_2 son las que llevan a las mejores soluciones, siendo I_1 la que lleva a soluciones peores.

En el caso del algoritmo *Repeated Bisections*, afirman que I_1 es con la que se obtienen las peores soluciones, siendo H_2 la que lleva a la mejor solución e I_2 y E_2 las siguientes mejores.

Además afirman que, de manera general, el algoritmo *Repeated Bisections* lleva a una mejor solución que *Direct K-way*, y esto ocurre principalmente, cuando el número de clusters aumenta.

Las soluciones obtenidas con el algoritmo *Repeated Bisections Refinement* las comparan con las soluciones obtenidas con *Repeated Bisections*, y afirman que, de manera general, dicho algoritmo no ofrece clusters de mejor calidad.

Para generar las soluciones jerárquicas, las obtienen por medio de algoritmos aglomerativos o bien mediante algoritmos particionales con los que se puede generar un árbol; uno de estos algoritmos es *Repeated Bisections*, que, como ya se ha comentado anteriormente, calcula la solución mediante una secuencia repetida de divisiones; realmente se podría considerar como un algoritmo divisivo, pero para generar la solución utiliza un paradigma particional.

Los resultados obtenidos por los autores en sus experimentos, les llevan a decir que los algoritmos particionales siempre ofrecen mejores soluciones de clustering que los aglomerativos, por lo que afirman que los algoritmos particionales son mejores no solo por los bajos requisitos computacionales, sino también por el rendimiento de la solución.

También comparan enfoques aglomerativos y particionales para obtener una solución jerárquica. Con el método particional *Repeated Bisections* utilizan las diferentes funciones criterio ya expuestas, y con el *aglomerativo* para seleccionar el siguiente cluster a unir, utilizan tanto los esquemas tradicionales (*slink*, *clink*, UPGMA) como el conjunto de criterios derivados de las funciones criterio. Afirman que los algoritmos particionales siempre generan mejores soluciones jerárquicas que los aglomerativos; además con *Repeated Bisections* obtienen los mejores resultados con la función criterio I_2, mientras que con el *aglomerativo* los obtienen con el esquema *upgma* y posteriormente con el criterio I_2. Por otro lado, afirman que todos los métodos particionales superan a los aglomerativos, excepto el particional cuando se utiliza con la función $I_{1,}$ que es un poco peor que *upgma*, pero mejor que el resto de los aglomerativos.

Consideran que el peor particional es I_1 y los peores aglomerativos son *slink*, *clink* e I_1.

5.4.2. Algoritmos seleccionados

De todos los algoritmos y posibilidades que ofrece la herramienta se eligieron aquellos que nos permitiesen llevar a cabo nuestros experimentos. La elección vino determinada por dos aspectos: en primer lugar por las necesidades planteadas, que nos obligaban a seleccionar tanto algoritmos que nos permitiesen evaluar una presentación de los documentos agrupados con un único nivel de anidamiento (solución plana), como algoritmos que nos permitiesen generar una presentación en árbol o jerárquica, y en segundo lugar por la calidad de las soluciones; esto nos llevaría a elegir aquellos algoritmos que, según sus autores, ofrecen los mejores resultados; de esta forma, nos aseguramos que estamos trabajando con algoritmos que son válidos con colecciones controladas en un entorno de laboratorio y, además, podremos determinar si estos algoritmos son igualmente válidos para un entorno real como es la recuperación web mediante buscadores, donde la colección no está controlada y tiene bastante ruido.

Por tanto, como soluciones planas, utilizaremos tanto los algoritmos *Repeated Bisections* como *Direct K-way,* y desecharemos el algoritmo *Repeated Bisections Refinement*, ya que, a pesar de llevar una fase de refinamiento, los autores no observaron mejoras en la calidad de la solución.

Con estos algoritmos, hemos decidido utilizar como función criterio la función I_2; en el caso del algoritmo *Direct K-way*, es la función con la que los autores han obtenido mejores resultados, sin embargo, con el algoritmo *Repeated Bisections,* aunque la función criterio con la que obtuvieron mejores resultados fue la H_2, nos pareció más adecuado utilizar la I_2 porque está más extendida y es más utilizada, además de ser la segunda función con la que se obtuvieron mejores resultados.

En cuanto a los algoritmos a utilizar para obtener la estructura jerárquica o de árbol, se eligió tanto el tradicional algoritmo *aglomerativo* como el algoritmo particional *Repeated Bisections* representando este último como un árbol. Para el *aglomerativo,* los autores habían obtenido las mejores soluciones con la función o esquema *UPGMA*, pero pruebas preliminares nos llevaron a desechar dicha función, porque, en la mayor parte de los casos, generaba una solución que agrupaba en un único cluster casi todos los documentos, ubicando muy pocos en el resto, llegando incluso a haber varios clusters con un único documento. Por ello, probamos la que los autores consideraban como la segunda mejor función, I_2, obteniendo con ella resultados bastante más adecuados. Respecto al algoritmo *Repeated Bisections* para soluciones jerárquicas, también utilizamos la función I_2 porque, según los autores, era la mejor función.

	Algoritmo	Función criterio	Función similitud
Solución plana	Direct K-way	I_2	coseno
	Repeated Bisections	I_2	coseno
Solución jerárquica	Repeated Bisections	I_2	coseno
	Agglomerative	I_2	coseno

Tabla 8: Algoritmos y funciones elegidos para los experimentos

Por tanto, la función criterio que hemos utilizado con todos los algoritmos es la I_2; dicha función calcula la similitud entre cada objeto y el centroide del cluster al cual ha sido asignado; para calcular dicha similitud, como ya se ha comentado, la herramienta ofrece varias opciones, pero para nuestros experimentos solo hemos utilizado una de ellas, la *función coseno*, ya que es la más utilizada para el clustering de documentos.

En la tabla 8 se pueden, ver de forma resumida los algoritmos y funciones a utilizar en los experimentos.

Otra de las razones por la que estos algoritmos se eligieron fue porque tienen un tiempo de cálculo aceptable; la tabla 9 recoge el tiempo de ejecución requerido para calcular la solución de clustering[9] para cinco colecciones (cinco consultas) utilizando los diferentes algoritmos elegidos. Como se puede observar, en la mayor parte de los casos el tiempo es aceptable para darle una respuesta al usuario, siendo de media el algoritmo *Direct K-way* el que más tiempo requiere y el *aglomerativo* el que menos consume, seguido del *Repeated Bisections* (ver gráfico de la figura 38).

[9] Para el cálculo se utilizó una máquina Pentium IV a 3.000 GHz y 1Gb de memoria RAM, ejecutando el sistema operativo Windows XP Professional.

	clusters planos					
	Direct K-way			Repeated Bisections		
	3	7	15	3	7	15
consulta 1	1.374	2.734	9.968	1.499	1.890	2.484
consulta 2	2.890	9.077	25.123	2.796	4.046	4.968
consulta 3	1.547	2.501	12.318	2.359	2.188	2.782
consulta 4	0.680	1.093	2.156	0.734	1.015	1.234
consulta 5	0.609	0.921	1.812	0.624	0.796	1.062
	clusters jerárquicos					
	Repeated Bisections			Aglomerative		
	3	7	15	3	7	15
consulta 1	1.859	2.124	2.718	1.718	1.765	1.874
consulta 2	3.562	4.468	5.327	2.952	3.109	3.359
consulta 3	1.875	1.985	2.392	1.672	1.719	1.797
consulta 4	1.156	1.140	1.312	0.999	1.031	1.093
consulta 5	0.937	0.890	1.109	0.953	0.953	0.999

Tabla 9: Tiempo de ejecución (medido en segundos) requerido para calcular la solución de clustering con 3, 7 y 15 clusters, utilizando para ello los algoritmos elegidos. Se ha tomado el tiempo para cinco consultas al azar. El número de documentos y términos para cada consulta es: consulta 1: 919 documentos, 76.350 términos; consulta 2: 906 documentos, 87.330 términos; consulta 3: 919 documentos, 47.411 términos; consulta 4: 898 documentos, 31.358 términos; consulta 5: 930 documentos, 33.933 términos

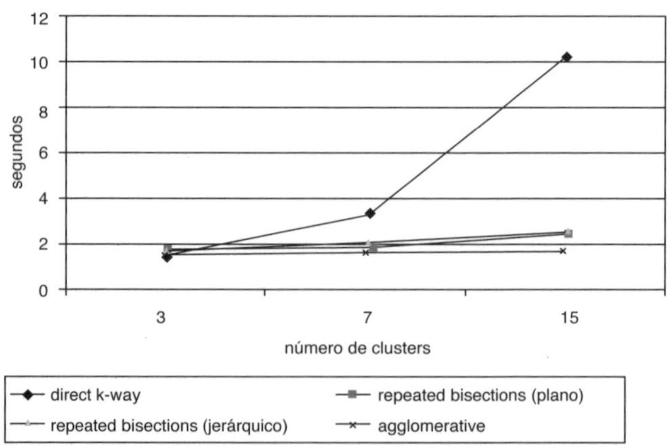

Figura 38: Tiempo medio de ejecución requerido para las cinco colecciones elegidas aleatoriamente (ver tabla 9) para cada algoritmo seleccionado para los experimentos

5.5. Diseño experimental

A continuación se expone el marco de trabajo experimental que se ha definido o diseñado. Como lo que se pretendía era evaluar con usuarios reales el funcionamiento de un sistema de recuperación de información web de forma empírica, para diseñar los experimentos nos hemos basado en las pautas ofrecidas en el diseño experimental propuesto para el iCLEF 2004 [47] y el TREC-9 [57], ya que están diseñados para evaluar sistemas de recuperación en los cuales el usuario interactúa con el sistema.

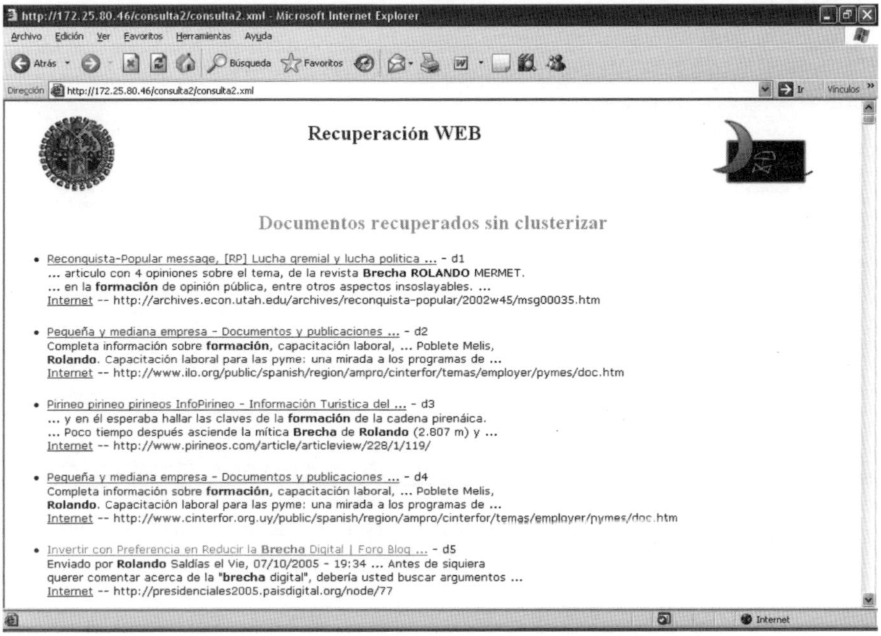

Figura 39: Interfaz utilizada para mostrar los documentos sin clusterizar devueltos por un motor de búsqueda. Consulta: formación brecha rolando.

Para realizar los experimentos, los usuarios realizaron búsquedas que daban respuesta a una serie de consultas. Para ello utilizaron diferentes entornos o sistemas en los que se les mostraban el conjunto de páginas donde buscar la información en diferentes formatos: sin clusterizar en forma de listado, clusterizados utilizando una solución plana o clusterizados jerárquicamente.

5.5.1. Entornos

Los experimentos se realizaron sobre los diferentes entornos que se exponen a continuación:

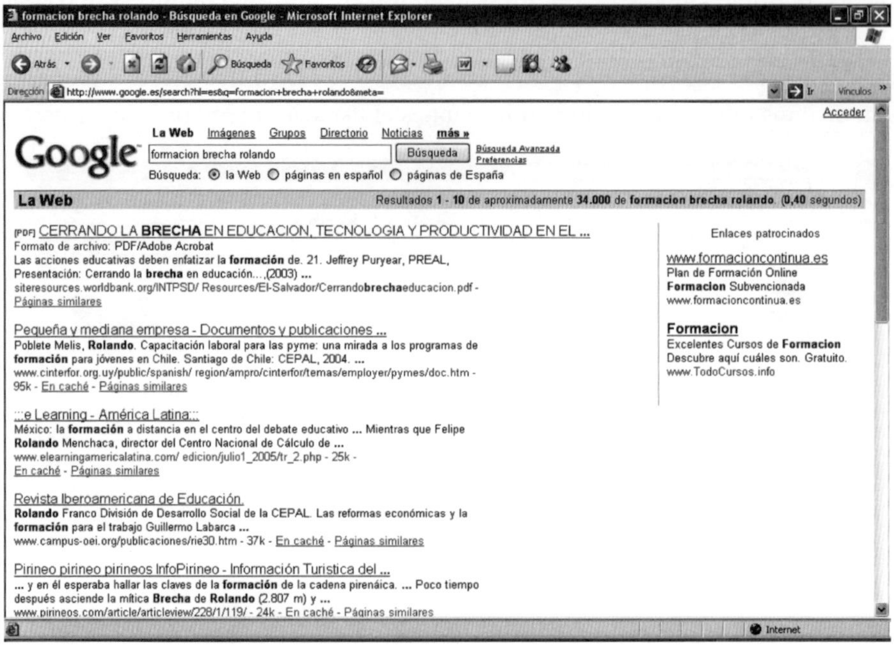

Figura 40: Interfaz utilizada por Google para mostrar los resultados de una consulta. Consulta: formación brecha rolando

- En primer lugar se utilizó un **entorno sin clusters**; dicho entorno es muy similar a los entornos operacionales actuales, en él se muestran los resultados devueltos por el motor de búsqueda como una lista de documentos, de manera muy similar a como los ofrece cualquier buscador. En las figuras 39 y 40 se puede observar esta similitud. Ambas imágenes muestran los resultados devueltos por un motor de búsqueda en respuesta a una consulta, siendo la 39 la interfaz de nuestro sistema y la 40 la interfaz de Google.

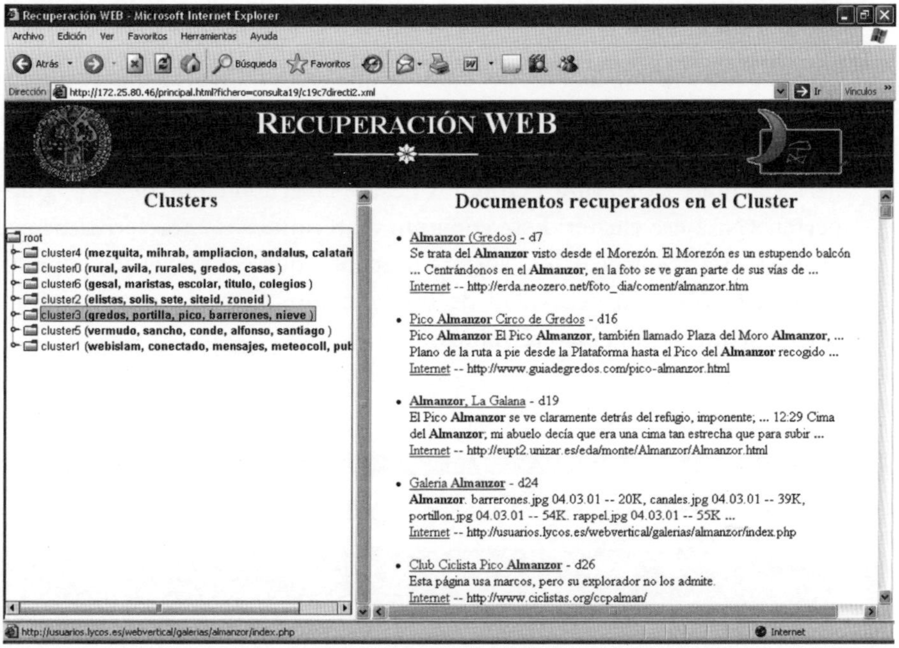

Figura 41: Interfaz utilizada para mostrar los documentos devueltos por un motor de búsqueda clusterizados utilizando un entorno de clusters plano. Consulta: Almanzor. Cluster seleccionado: Cluster3

Concretamente, para cada resultado o página se muestra el título de la página, que además será un enlace a la página local almacenada, el número de documento para que el usuario pueda identificar cada página que le es relevante y que contiene información que resuelve su necesidad de información, el *snippet* de ese documento devuelto por el motor de búsqueda y, por último, un enlace al sitio remoto donde realmente se aloja dicha página, seguido de la propia URL.

- Otro de los entornos que se testeó fue un **entorno de clusters plano**; con este, la información se muestra a los usuarios agrupada temáticamente, pero con un único nivel de anidamiento. En las figuras 41 y 42 se puede observar la interfaz que tienen los usuarios para realizar las búsquedas. Como se ver, tiene dos partes diferenciadas: en la parte izquierda, se muestra en forma de listado el conjunto de clusters o grupos que el usuario tiene disponibles, y en la parte derecha, se muestra el listado de páginas web ubicadas en el cluster que el usuario selecciona en la parte izquierda; en este listado, para cada página o documento se dispone de la misma información que en el entorno sin clusterizar.

Para cada cluster, además del nombre que lo identifica, se muestran un conjunto de términos que describen ese cluster (figura 43). Estos términos conforman las características más descriptivas de cada grupo obtenidas con la herramienta *CLUstering TOolkit*, y describen el contenido de las páginas que pertenecen a ese cluster. Este conjunto de términos o características ayudan al usuario a identificar los clusters o grupos que contienen las páginas que pueden resolver su necesidad de información. Concretamente, para cada cluster se muestran cinco términos.

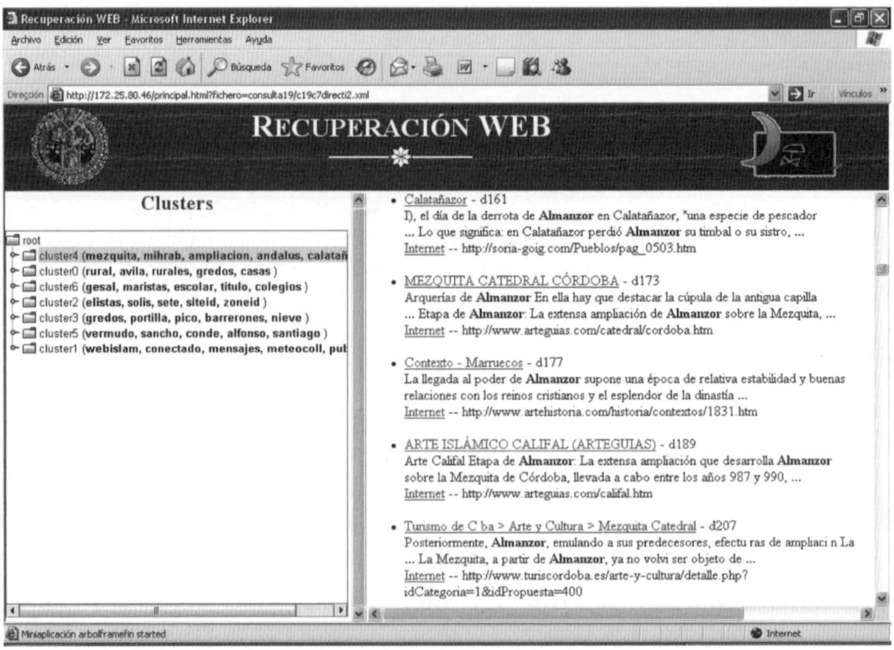

Figura 42: Interfaz utilizada para mostrar los documentos devueltos por un motor de búsqueda clusterizados utilizando un entorno de clusters plano. Consulta: Almanzor. Cluster seleccionado: Cluster4

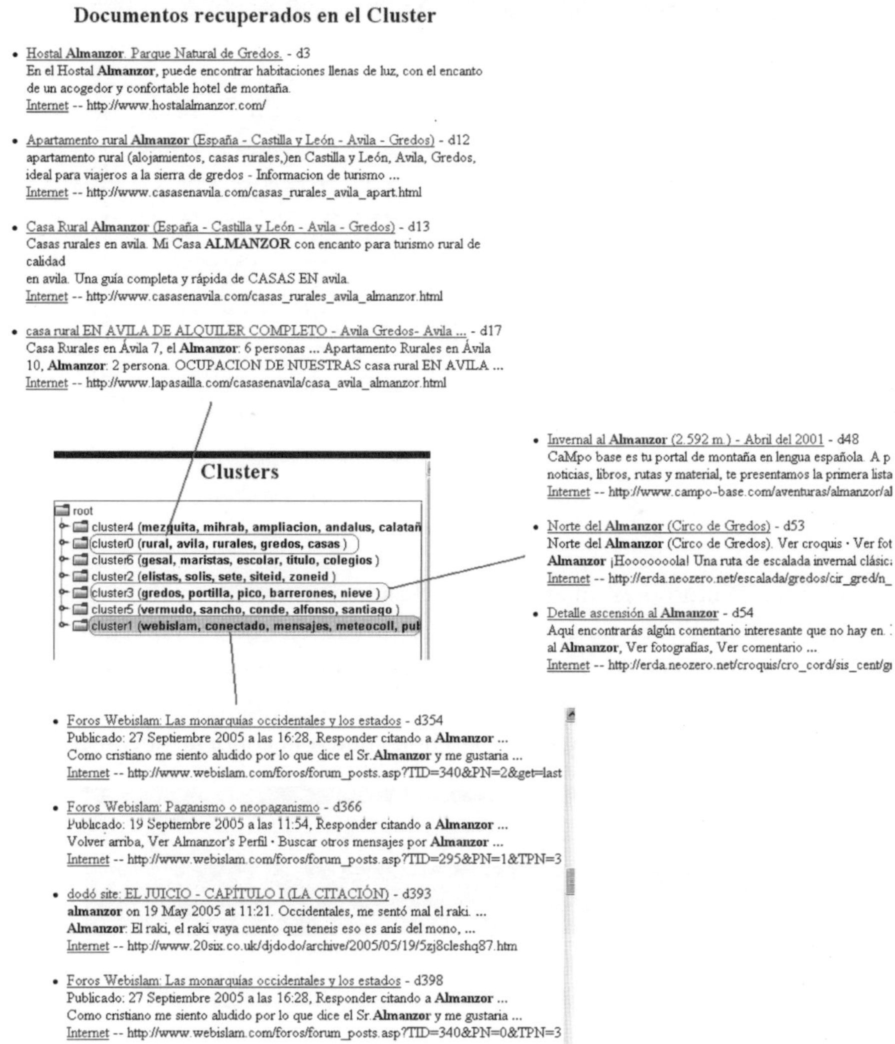

Figura 43: Términos que describen cada cluster

También para cada cluster, en el lado izquierdo y colgando del mismo, se puede visualizar un listado con el título de cada una de las páginas que contiene (figura 44); este listado también podría ayudar al usuario a determinar si ese grupo le interesa antes de seleccionarlo.

Con este formato y como ya se comentó, se mostraron los clusters obtenidos con los algoritmos *Direct K-way* y *Repeated Bisections*.

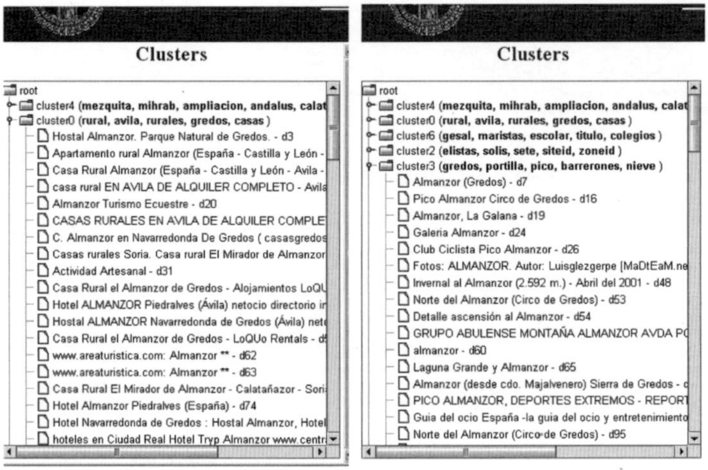

Figura 44: Listado de páginas ubicadas en cada cluster

- El último entorno es un **entorno de clusters jerárquico**; en él, las páginas aparecen agrupadas en un árbol con diferentes niveles de anidamiento; el número de niveles depende del número de clusters. Como se puede observar en las figuras 45 y 46, el nodo raíz tiene dos clusters, y cada uno de ellos tiene a su vez otros dos hijos, y así hasta llegar al nodo hoja, que solo contiene documentos.

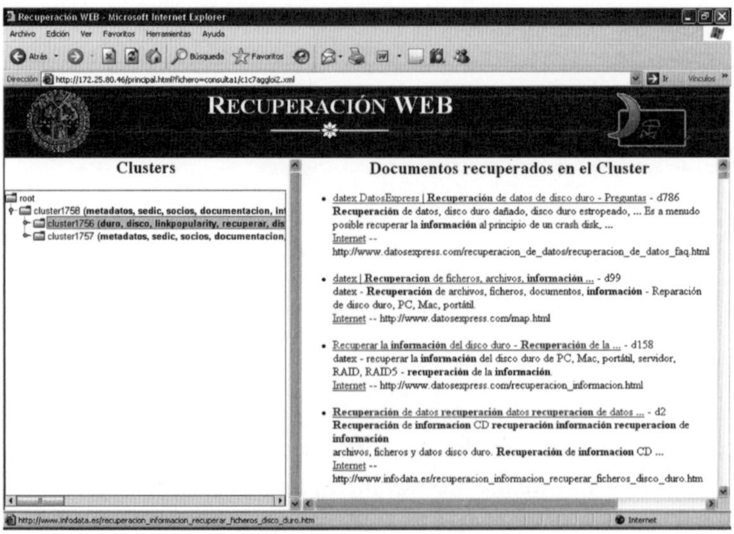

Figura 45: Interfaz utilizada para mostrar los documentos devueltos por un motor de búsqueda clusterizados utilizando un entorno de clusters jerárquico. Consulta: recuperación información

En este caso, al igual que en el anterior, la interfaz de usuario aparece dividida en dos partes; en la parte izquierda tenemos los clusters o grupos y en la derecha las páginas que contiene el grupo o cluster seleccionado, pero ahora los clusters no se muestran en forma de listado, sino que presentan una estructura anidada de varios niveles. En un principio, solo se tiene accesible un único cluster, el nodo raíz, que contiene todos los documentos recuperados por el motor de búsqueda, y el usuario puede acceder a clusters más específicos adentrándose en la estructura. Cuando llegue al nivel más profundo, a los nodos hoja, accederá a los grupos más específicos que solo contienen documentos y no otros clusters. Para ir adentrándose en los niveles, el usuario solo tiene que seleccionar el manejador del nodo correspondiente del árbol. El usuario en cualquier momento puede seleccionar cualquier cluster; si el nodo que selecciona es un nodo hoja (figuras 47 y 48), en la parte derecha se visualizan las páginas que contiene dicho cluster, pero si es un nodo intermedio (figura 46) se muestran todos los documentos que contiene ese cluster, que son todos los documentos pertenecientes a todos sus descendientes. Esta forma de presentar los agrupamientos permite al usuario en cualquier momento acceder a las páginas que contiene un cluster sin tener que llegar a los clusters hoja, teniendo en cuenta que según se vaya adentrando en la estructura estará accediendo a grupos más específicos.

Figura 46: Interfaz utilizada para mostrar los documentos devueltos por un motor de búsqueda clusterizados utilizando un entorno de clusters jerárquico. El cluster seleccionado es un cluster intermedio. Consulta: recuperación información

Cada cluster tiene un identificador y, además, un conjunto de términos o características que describen la información de las páginas ubicadas en cada cluster. El cluster raíz contiene todas las páginas devueltas por el buscador y, por tanto, se describe con todos los términos que describen todos los clusters; según vamos adentrándonos en la jerarquía, al igual que se realiza una especialización temática de los documentos, se produce una especialización en los términos que describen cada cluster. Cada cluster hoja, al igual que en el caso anterior, lo descrito por cinco términos.

Esta forma de representación se utilizará para los clusters generados con el algoritmo *aglomerativo* y con el algoritmo *Repeated Bisections*.

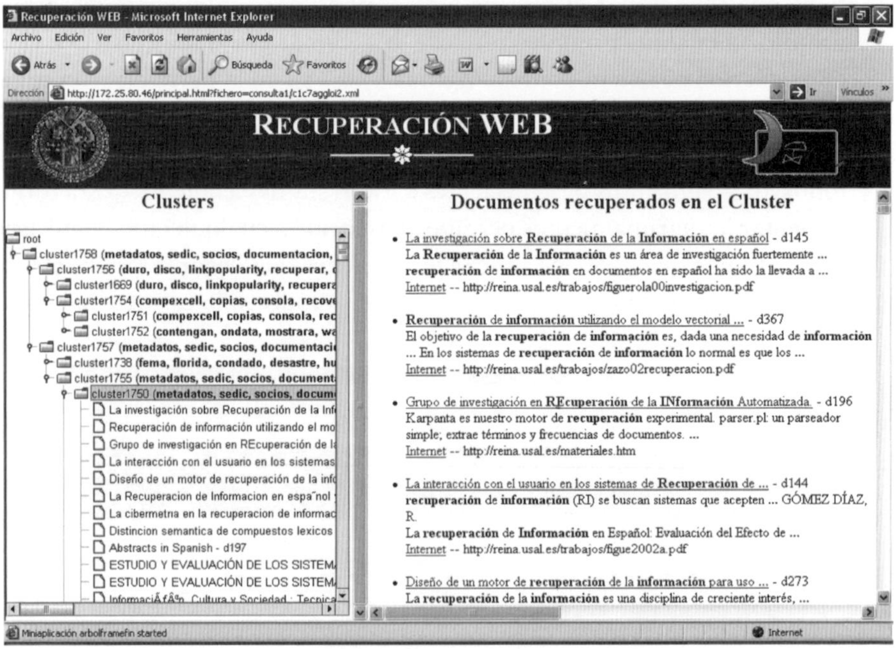

Figura 47: Interfaz utilizada para mostrar los documentos devueltos por un motor de búsqueda clusterizados utilizando un entorno de clusters jerárquico. El cluster seleccionado es un cluster hoja. Consulta: recuperación información.

En cualquiera de los tres entornos, al seleccionar el enlace, bien el local, bien el remoto, se visualizará la página web seleccionada (figura 49).

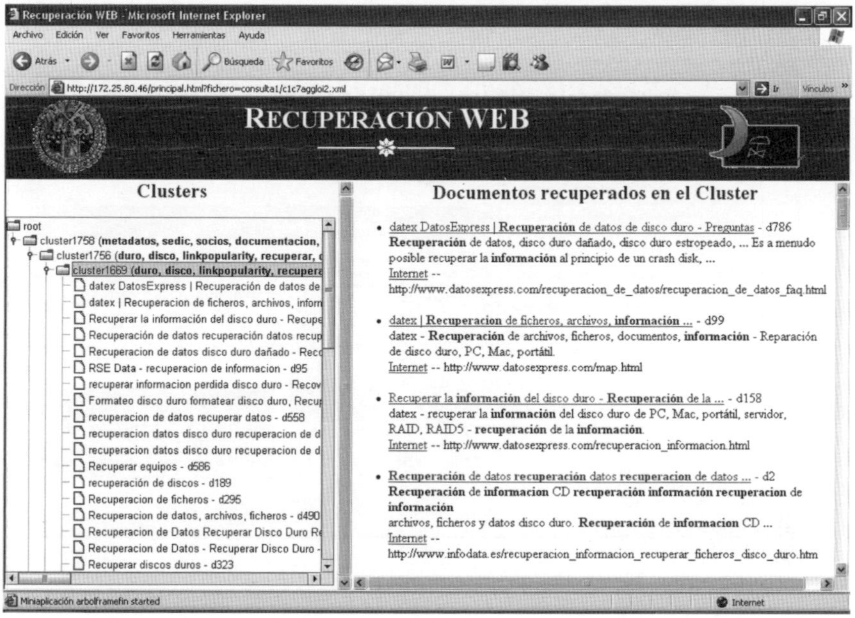

Figura 48: Interfaz utilizada para mostrar los documentos devueltos por un motor de búsqueda clusterizados utilizando un entorno de clusters jerárquico. El cluster seleccionado es un cluster hoja. Consulta: recuperación información

Cada algoritmo se probó utilizando diferentes números de clusters para poder evaluar si este parámetro podría afectar a las búsquedas y, en ese caso, determinar con cuál se obtienen los resultados más óptimos. Concretamente, se probaron con 3, 7 y 15 clusters. Con tres clusters, los usuarios tienen grupos grandes de páginas con la ventaja de que revisar ese número de clusters no lleva mucho tiempo, pero presenta pocos grupos temáticos, con lo que un grupo o cluster podría contener información relativa a varios temas; siete clusters nos pareció un número adecuado, porque el usuario tiene las páginas agrupadas de manera más específica y para seleccionar los clusters que pueden contener las páginas que den respuesta a su necesidad de información no invertirá mucho tiempo, ya que es un número pequeño de grupos; y 15 se eligió para determinar si un número alto de clusters ofrece alguna ventaja; en principio, con este último número de clusters, los grupos son más específicos y por tanto es previsible que si el usuario encuentra un cluster que tiene la información que busca, al ser más específico, las páginas que contenga estarán más relacionadas, ahora bien, para encontrar los clusters o grupos que le sirvan, tiene que ojear muchos más y, consecuentemente, tiene que invertir más tiempo en dicha tarea.

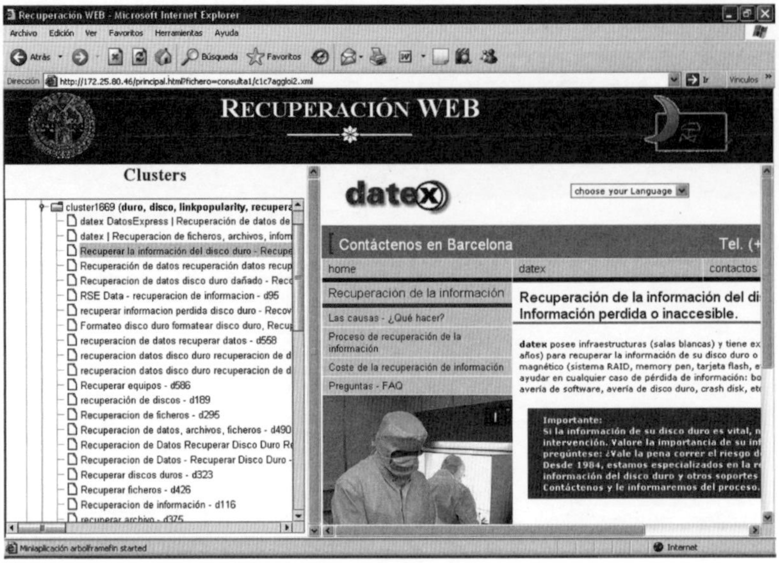

Figura 49: Interfaz con una página seleccionada

5.5.2. CONSULTAS

Para realizar los experimentos se eligieron varias consultas, de tal forma que cada una de ellas representa una necesidad de información de usuario. Además de las consultas, se eligieron los términos adecuados para lanzar dicha consulta al buscador.

En un principio se pensó en utilizar algunas consultas propuestas por el CLEF-2005[10], pero posteriormente, y después de revisar dichas consultas, se determinó que era mejor utilizar consultas de cultura general y en las que el usuario buscase información relativa a la misma y no una respuesta concreta a la pregunta.

Nuestra experiencia y la de algunos autores [45, 71] llevan a afirmar que los buscadores funcionan bien cuando los usuarios formulan consultas bien definidas. A pesar de que si las consultas se formulan bien se obtienen buenos resultados, frecuentemente los usuarios realizan consultas muy cortas (el 70 %, con un único término), originando consultas poco específicas o imprecisas que producen ambigüedad y provocan que un gran porcentaje de los resultados devueltos por los motores de búsqueda sean irrelevantes para el usuario.

[10] Cross Language Evaluation Forum. http://clef-qa.itc.it/2005/

La mayor parte de los trabajos que hemos encontrado sobre clustering realizan sus experimentos con consultas ambiguas y formuladas con un único término, por lo que casi siempre los resultados son buenos.

Por ello, a la hora de elegir las consultas y para que los experimentos fuesen válidos no solo para ciertas circunstancias totalmente favorables, se eligieron algunas que se especificaban con uno o dos términos y que además fuesen ambiguas, como por ejemplo *Almanzor* o *Mérida turismo*, pero otras se eligieron con más términos y no tan ambiguas, aunque no perfectamente definidas (como *formación brecha rolando* o *biografía ministro economía España 2004*), ya que, como hemos dicho antes, para este tipo de consultas los motores de búsqueda suelen ofrecer resultados muy buenos sin necesidad de utilizar clusters.

En la evaluación de los sistemas de recuperación de información en los que los usuarios interactúan con el sistema, un factor que los hace más fiables es que una vez que un usuario ha buscado una respuesta a una consulta con un sistema, no debe buscar la respuesta a esa misma consulta con otro sistema, ya que el efecto de aprendizaje probablemente haría que los resultados no fuesen válidos. Es decir, es deseable que ningún usuario realice una misma consulta dos veces aunque sea con diferentes entornos, y, de esta forma, evitar que el efecto de aprendizaje enmascare los resultados; esto hizo que el número de consultas necesarias para los experimentos viniese determinado por los entornos a probar, siendo ese número de 17; de ellas, tres se utilizaron para realizar una sesión de aprendizaje y entrenamiento con los usuarios, consiguiendo de esta forma que se familiarizasen con los tres tipos de entornos que iban a utilizar para las búsquedas. Y las otras 14 para realizar las pruebas. Se eligieron concretamente 14 porque queríamos probar con cada usuario el entorno sin cluster, un entorno de cluster plano, con 3, 7 y 15 clusters y un entorno de cluster jerárquico también con el mismo número de clusters, y además se creyó conveniente que al menos cada usuario hiciese dos consultas con cada entorno, y como no queríamos que un mismo usuario realizase la misma consulta con dos entornos diferentes entonces precisamos 14 consultas.

A la hora de seleccionar las consultas también se creyó conveniente e importante evitar elegir consultas sin respuesta. Por lo que, antes de elegir definitivamente cada una de las consultas, se comprobó que todas tuvieran al menos alguna página con información que respondiese a dicha consulta.

Para la evaluación de los sistemas era importante conocer si los usuarios estaban familiarizados con la consulta que se les planteaba, ya que es lógico pensar que si un usuario conoce algo de la consulta, a la hora de realizar una búsqueda en un entorno con clusters, el resultado debería ser más satisfactorio, porque ojeando los términos que describen el cluster podrá determinar si puede contener información que le interese. A pesar de que las consultas son de cultura general, este aspecto depende del *background* de cada usuario; por ello, para controlar si el usuario conocía la respuesta de antemano o estaba familiarizado con ella, antes de comenzar a realizar la búsqueda se le pedía que indicase si le era familiar.

La lista de consultas que finalmente se eligieron se puede ver en el apéndice B. De todas las consultas, la 3, 5 y 9 se utilizaron en la sesión de aprendizaje; se eligieron estas tres porque eran muy similares a la 13, 8 y 1, respectivamente.

5.5.3. Sesión de usuario

El objetivo del experimento era determinar cómo un sistema de recuperación web en el cual se utilizan clusters puede ayudar a un usuario a encontrar la información en la que está interesado. Por lo tanto, la tarea del usuario era buscar e indicar qué documento/s o página/s ofrecen una respuesta pertinente o información válida para cada consulta planteada, utilizando para ello alguno de los entornos a evaluar.

Concretamente, cada usuario utilizó los tres entornos diferentes desarrollados: el que ofrece los resultados sin clusterizar, el que ofrece los resultados en forma de cluster plano, agrupados temáticamente con un único nivel de anidamiento, pero utilizando solo uno uno de los dos algoritmos de clustering particional elegidos, y, por último, el que ofrece los resultados agrupados jerárquicamente, en diferentes niveles de anidamiento, utilizando para generar los clusters, al igual que en el entorno anterior, solo uno de los dos algoritmos jerárquicos vistos. Cada entorno de clusters lo utilizó con 3, 7 y 15 clusters, y para cada entorno y número de clusters el usuario realizó dos consultas diferentes, de tal forma que en total realizó 14 búsquedas diferentes.

El usuario, durante el desarrollo del experimento, tuvo que rellenar un cuestionario (ver apéndice C) que fue diseñado para poder evaluar los sistemas posteriormente. Parte de la información necesaria para la evaluación de los entornos se recoge en logs de forma automática, como por ejemplo las páginas que el usuario visita o los clusters que selecciona en cada búsqueda; pero hay otra información, como pueden ser las páginas que cada usuario ha encontrado e identificado como relevantes o la impresión de los usuarios sobre varios aspectos de los diferentes entornos, que no se pueden recoger automáticamente a través de logs, por lo que se diseñó un cuestionario al que el usuario respondió durante la realización del experimento. Dicho cuestionario constaba de las siguientes partes:

- Cuestionario inicial. En el que se le pregunta al usuario su ocupación, edad, etcétera. Se rellena antes de comenzar el experimento.
- Cuestionario para cada consulta o búsqueda. El usuario tiene que rellenar un cuestionario de este tipo para cada búsqueda que realice; este cuestionario

tiene tres partes diferenciadas: la primera es una cuestión inicial, a la que responde antes de comenzar la búsqueda y en la que se le pregunta al usuario si la consulta le es familiar; la segunda parte, que la contesta según realiza la búsqueda y en la que indica los documentos o páginas que son relevantes; y la tercera, que la rellena una vez concluida la búsqueda y en la que se le hacen varias preguntas sobre diferentes aspectos relacionados con las experiencias que ha tenido al realizar la consulta.

- Cuestionario para cada entorno. Una vez que el usuario ha concluido todas las consultas realizadas con un determinado entorno, tiene que rellenar un cuestionario que nos permita conocer la impresión que tiene sobre dicho entorno.
- Cuestionario final. Lo rellena al terminar el experimento, y contiene cuestiones que permiten comparar los diferentes entornos utilizados.

Para realizar los experimentos se necesitaban al menos dos grupos de siete usuarios; uno que realizase las pruebas con uno de los entornos de clusters planos y de clusters jerárquicos, y otro, que las realizase con el otro entorno de clusters plano y de clusters jerárquico. Concretamente, un grupo de usuarios realizaría las búsquedas con el entorno de clusters particional *Direct K-way* y *Repeated Bisections* representando este último como un árbol. Y el otro grupo de usuarios utilizaría el algoritmo particional *Repeated Bisections*, mostrándolo como un cluster plano y el algoritmo *aglomerativo*.

El número de consultas necesarias para los experimentos fue de 14 y la asignación de las mismas a los usuarios se realizó de tal forma que ningún usuario realizó la misma consulta dos veces, de esta forma se evitó que el efecto de aprendizaje pudiese enmascarar los resultados. En las tablas 10 y 11 se puede ver la asignación de consultas que los usuarios realizaron con cada entorno; en la primera tabla se ve la asignación del primer grupo de siete usuarios y en la segunda la del segundo grupo de siete usuarios.

	sc	sc	3w	3w	7w	7w	15w	15w	3a	3a	7a	7a	15a	15a
U1	1	2	4	6	7	8	10	11	12	13	14	15	16	17
U2	4	6	7	8	10	11	12	13	14	15	16	17	1	2
U3	7	8	10	11	12	13	14	15	16	17	1	2	4	6
U4	10	11	12	13	14	15	16	17	1	2	4	6	7	8
U5	12	13	14	15	16	17	1	2	4	6	7	8	10	11
U6	14	15	16	17	1	2	4	6	7	8	10	11	12	13
U7	16	17	1	2	4	6	7	8	10	11	12	13	14	15

Tabla 10: Asignación de consultas que cada usuario realizó con cada entorno (U=usuario, sc=sin cluster, w=direct K-way (plano), a=repeated bisections (jerárquico))

	sc	sc	3r	3r	7r	7r	15r	15r	3a	3a	7a	7a	15a	15a
U1	1	2	4	6	7	8	10	11	12	13	14	15	16	17
U2	4	6	7	8	10	11	12	13	14	15	16	17	1	2
U3	7	8	10	11	12	13	14	15	16	17	1	2	4	6
U4	10	11	12	13	14	15	16	17	1	2	4	6	7	8
U5	12	13	14	15	16	17	1	2	4	6	7	8	10	11
U6	14	15	16	17	1	2	4	6	7	8	10	11	12	13
U7	16	17	1	2	4	6	7	8	10	11	12	13	14	15

Tabla 11: Asignación de consultas que cada usuario realizó con cada entorno (U=usuario, sc=sin cluster, r=repeated bisections (plano), a=agglomerative (jerárquico))

De esta forma también se logra que todas las consultas se realicen siempre el mismo número de veces.

Los experimentos se realizaron con un número de usuarios múltiplo de 14, utilizando las tablas anteriores para la asignación de consultas y entornos a cada grupo de 14 usuarios.

El experimento se diseñó para que durase como máximo tres horas, ya que en experiencias pasadas del CLEF observaron que este es el tiempo máximo que se puede tener a un usuario en un día para obtener resultados óptimos. Llevar a cabo el experimento en varios días con los mismos usuarios podría tener un efecto negativo.

Para cada consulta se deja al usuario un tiempo máximo de cinco minutos para que busque e identifique páginas con información relevante, y un minuto más para responder al cuestionario.

Cada consulta o búsqueda vendrá identificada por el usuario que realiza la búsqueda, el entorno con el que se realizará la búsqueda (sin clusters, clusters plano, clusters jerárquico), algoritmo utilizado, número de clusters en el caso de los entornos de clusters y consulta a testear.

El diseño del tiempo para realizar el experimento fue el siguiente:

- Orientación de la prueba: diez minutos.
- Entrenamiento de los tres entornos: treinta minutos.
- Cuestionario inicial: cinco minutos.
- Descanso: diez minutos.
- Búsquedas con el entorno sin clusters (dos consultas): diez minutos.
- Cuestionario de cada una de las consultas y cuestionario del entorno: cinco minutos.

- Búsquedas con el entorno de clusters plano (seis consultas: dos con un entorno de tres clusters, dos con otro de siete y dos con otro de quince): treinta minutos.
- Cuestionario de cada una de las consultas y cuestionario del entorno: diez-quince minutos.
- Descanso: diez minutos.
- Búsqueda con el entorno de clusters jerárquico (seis consultas: dos con un entorno de tres clusters, dos con otro de siete y dos con otro de quince): treinta minutos.
- Cuestionario de cada una de las consultas y cuestionario del entorno: diez-quince minutos.
- Cuestionario final: diez minutos.

El total de la suma de todos los tiempos es ciento ochenta minutos.

5.6. Resultados

En este apartado se exponen y analizan los resultados obtenidos después de realizar las pruebas y experimentos descritos anteriormente en este capítulo.

Para obtenerlos, se ha analizado tanto la información recogida automáticamente en los logs del sistema implementado como la información obtenida a partir de las respuestas de los usuarios a las cuestiones planteadas en el cuestionario que se les pasó en el momento de realizar las pruebas.

5.6.1. Medidas de evaluación

Para evaluar los diferentes entornos/sistemas teníamos que utilizar métricas que nos permitiesen medir un sistema de recuperación de información web; aunque pareciese lógico pensar que al utilizar entornos con clusters tuviésemos que utilizar métricas que permitieran evaluar el rendimiento y calidad de los clusters, esto no es necesario, ya que los algoritmos utilizados para la generación de los clusters ya han sido evaluados previamente utilizando métricas como la *entropía*, *pureza* y *f-score*, obteniendo buenos resultados en un entorno controlado.

Las medidas más utilizadas para medir sistemas de recuperación de información son la *precisión* y *exhaustividad* (ver capítulo 2, epígrafe 2.6), así como un conjunto de medidas derivadas de estas; algunas de ellas son la *r-precisión*, *media armónica* y *medida E*.

En este caso, la exhaustividad tuvo que ser desechada, ya que las colecciones de documentos utilizadas para los experimentos están compuestas por los documentos devueltos por un motor de búsqueda en respuesta a una consulta, y no es viable conocer todos los documentos relevantes de dichas colecciones, ya que estaríamos hablando aproximadamente de 16.000 documentos repartidos en un total de 17 colecciones; al no poder calcular la exhaustividad tampoco podríamos utilizar ninguna otra medida derivada de ella; se consideró que la medida más adecuada sería la *precisión*; esta métrica nos ofrece el número de documentos relevantes en el total de los datos recuperados por el sistema; otra medida que también podría haber sido factible utilizar es la *precisión de usuario,* que ofrece la proporción de documentos que el usuario ha encontrado relevantes en una muestra de tamaño fijo, pero también fue desechada debido a que nuestras colecciones no tienen todas el mismo tamaño.

En el caso de los entornos/sistemas con clusters, se ha considerado que el conjunto de documentos recuperados por el sistema serán todos aquellos documentos que están o pertenecen a los clusters que el usuario ha visitado, pues son los documentos que el usuario solicita al sistema y recupera él mismo.

5.6.2. Efectividad en la recuperación

El principal objetivo perseguido con esta investigación era determinar si a la hora de realizar búsquedas en Internet con un buscador utilizando técnicas de clustering se obtenían mejores, iguales o peores resultados que con un entorno sin clusters. Para ello, una vez calculada la precisión para cada consulta o búsqueda realizada por cada usuario, hemos calculado la media de la precisión para todas las consultas realizadas con el entorno sin clusters, y de igual forma se ha calculado para todas las consultas realizadas con cualquiera de los entornos con clusters. Con el entorno sin clusters hemos obtenido un precisión media de 0,0030, mientras que la precisión media que hemos obtenido con todos los entornos basados en clusters es de 0,0371; como se puede observar, en el entorno sin clusters, la precisión toma un valor mucho menor que con un entorno con clusters por lo que debemos deducir que con un entorno basado en clusters se obtienen mejores resultados que con un entorno sin clusters y, por ello, siempre será preferible utilizar un entorno basado en clusters.

A partir de la conclusión anterior, el siguiente objetivo que nos planteamos fue determinar si el paradigma utilizado influye a la hora de realizar las búsquedas, es decir, si existen se observan diferencias significativas en los resultados utilizando un entorno plano o uno jerárquico, o incluso utilizando un mismo paradigma, si el número de clusters o el algoritmo utilizado para realizar los agrupamientos podrían influir en los resultados obtenidos.

Para determinar con qué paradigma se obtienen mejores resultados, nos basamos al igual que antes en la precisión, calculando la media de la precisión para cada paradigma. De manera general, en un entorno con clusters basado en un paradigma jerárquico se obtienen mejores resultados que en un entorno basado en clusters planos. Como se observa en la tabla 12, utilizando un entorno de clusters plano, sin anidamiento, se obtiene una precisión media de 0,0270, mientras que con las soluciones jerárquicas se llega a una precisión de 0,0472. En la tabla 13 y en la gráfica de la figura 50 también se puede ver que cuanto mayor es el número de clusters o grupos, mejores son los resultados obtenidos en ambos paradigmas; las diferencias son más significativas cuando aumenta el número de clusters, así, por ejemplo, utilizando un entorno de clusters plano en el caso de tres clusters, se obtiene una precisión media de 0.0118, mientras que con quince clusters es bastante superior, llegando a 0,0470. Observando los valores para las soluciones jerárquicas, vemos que para una solución con tres clusters, la precisión supera por un poco (0,0127) la obtenida en el cluster plano, pero con quince clusters es bastante más alta, siendo 0,0813.

	sin cluster	**plano**	**jerárquico**
precisión	0,0030	0,0270	0,0472

Tabla 12: Precisiones medias obtenidas para cada uno de los entornos a testear

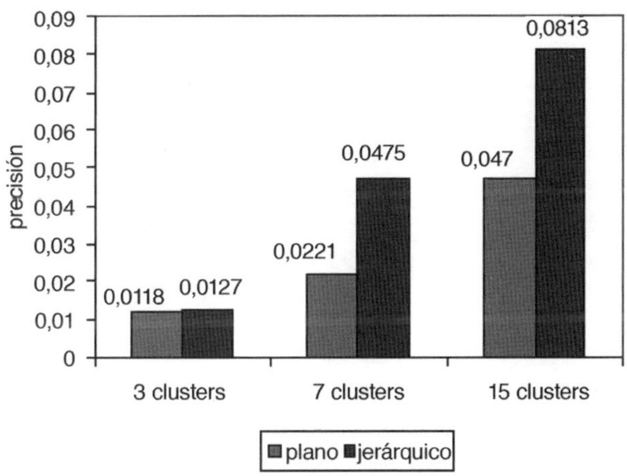

Figura 50: Precisiones medias obtenidas para cada entorno con los diferentes números de clusters

	3 clusters	**7 clusters**	**15 clusters**
plano	0,0118	0,0221	0,0470
jerárquico	0,0127	0,0475	0,0813

Tabla 13: Precisiones medias obtenidas con los diferentes entornos de clusters y con diferentes números de clusters

De una manera más detallada se puede observar en la tabla 14 que, dentro del mismo tipo de algoritmos o mismo paradigma, los resultados obtenidos son diferentes si se utiliza un algoritmo u otro. Con el algoritmo particional *Direct K-way* se obtienen ligeramente peores resultados que con el algoritmo particional *Repeated Bisections*, siendo la diferencia más significativa cuando el número de clusters aumenta. Esto confirma la afirmación que realizaron los autores [122, 121] de la herramienta cuando llevaron a cabo la evaluación de ambos algoritmos en un entorno controlado en laboratorio, en la que aseguran que con el algoritmo *Repeated Bisections* se obtienen mejores resultados que con el algoritmo *Direct K-way.*

La diferencia entre los resultados de los dos algoritmos jerárquicos utilizados también se puede observar en la tabla 14; se ve claramente que con el algoritmo *aglomerativo* se obtienen resultados muy superiores a los obtenidos utilizando el algoritmo particional *Repeated Bisections* y mostrándoselo al usuario en forma jerárquica o de árbol. Además, esa diferencia es más notable cuando el número de clusters aumenta. En este caso, a diferencia de los resultados obtenidos por los autores en un entorno controlado, en el que obtenían mejores resultados con el algoritmo *Repeated Bisections*, nosotros hemos obtenido mejores resultados con un algoritmo *aglomerativo.*

	3 clusters	7 clusters	15 clusters
		plano	
Direct K-way	0,0108	0,0160	0,0396
Repeated Bisections	0,0129	0,0282	0,0543
		jerárquico	
Repeated Bisections	0,0095	0,0375	0,0637
Agglomerative	0,0160	0,0575	0,0990

Tabla 14: Precisiones medias obtenidas con cada entorno, algoritmo y número de clusters

Todos estos resultados obtenidos a partir de la precisión son lógicos si tenemos en cuenta que en un entorno con clusters el usuario encontraba más páginas o documentos pertinentes que en un entorno sin clusters. Además, esta diferencia es más notable en el entorno de clusters jerárquico y sobre todo al aumentar el número de clusters. Observando las tablas 15, 16 y el gráfico de la figura 51 vemos que un usuario en un entorno sin clusters encontraba para cada consulta una media de 2,3 documentos con información pertinente, mientras que en un entorno plano con 15 clusters tenemos que la media sobrepasa cuatro, y en uno de clusters jerárquico llega hasta cinco documentos.

	sin cluster	plano	jerárquico
nº documentos	2,3	3,7	4,2

Tabla 15: Media del número de documentos relevantes encontrados por los usuarios en las búsquedas realizadas con cada entorno

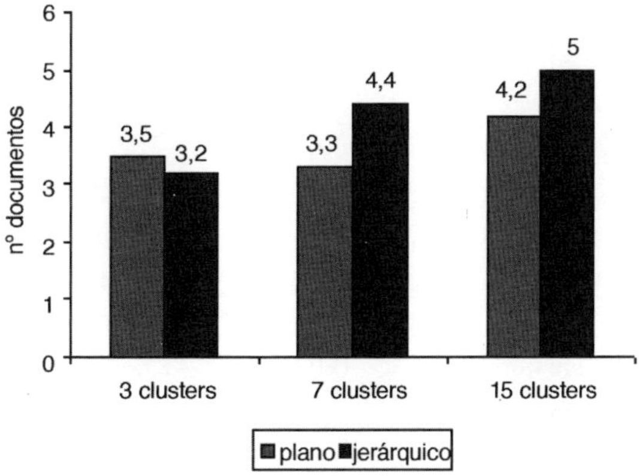

Figura 51: Media del número de documentos relevantes encontrados por los usuarios en las búsquedas realizadas con cada entorno y con los diferentes números de clusters

	3 clusters	7 clusters	15 clusters
plano	3,5	3,3	4,2
jerárquico	3,2	4,4	5,0

Tabla 16: Media del número de documentos relevantes encontrados por los usuarios en las búsquedas realizadas con cada entorno y con los diferentes números de clusters

Otro factor que también se consideró importante analizar y estudiar fue si el conocimiento previo del usuario sobre el tema del que busca información podría influir en los resultados. En un principio, debido principalmente a la forma en la que se muestran los agrupamientos a los usuarios, en la que cada cluster aparece junto con su número de cluster y con una serie de términos que lo describen, es lógico pensar que para un usuario que tiene algún conocimiento del tema de la consulta con cualquier entorno de clusters obtendrá mejores resultados que si no conoce nada en absoluto. Para poder evaluar esta cuestión, se le pedía al usuario que antes de comenzar a realizar la búsqueda indicase si el tema de la consulta le era familiar, pudiendo elegir entre tres opciones: ni idea (1); no conozco la respuesta, pero me es familiar (2); conozco algo de la respuesta (3). Una vez recogida y analizada dicha información, podemos determinar que en un entorno sin clusters, en el que el usuario no tenga ni idea de la respuesta a la consulta o sepa algo, no influye para nada; lo mismo ocurre en un entorno con clusters plano, ahora bien, para un entorno con clusters jerárquico, el conocimiento previo del usuario sí que afecta, y así podemos observar (tabla 17) que, si no conoce nada en absoluto referente a la consulta se obtienen precisiones peores que si el usuario tiene un conocimiento previo.

		1	2	3
Sin cluster		0,0035	0,0024	0,0038
Cluster plano	**3 clusters**	0,0118	0,0061	0,0077
	7 clusters	0,0226	0,0303	0,0229
	15 clusters	0,0525	0,0487	0,0550
Cluster jerárquico	**3 clusters**	0,0076	0,0218	0,0265
	7 clusters	0,0406	0,0255	0,0865
	15 clusters	0,0702	0,0655	0,1019

Tabla 17: Precisiones medias obtenidas para cada entorno con los diferentes números de clusters, teniendo en cuenta el conocimiento previo del usuario respecto a la consulta. 1 indica que el usuario no conoce absolutamente nada de la consulta 2 indica que el usuario no conoce la respuesta, pero le es familiar 3 indica que el usuario conoce algo de la respuesta

En los entornos de clusters jerárquicos, un usuario obtiene mejores resultados cuanto mayor sea su conocimiento previo de la información que busca, y ello podría ser debido a que el conocimiento previo sobre el tema ayuda a elegir un camino o rama frente a otro. Esto también lleva a que el sistema funciona correctamente y está bien implementado, ya que, si no fuera así, se elegirían caminos malos o confusos, obteniendo peores resultados.

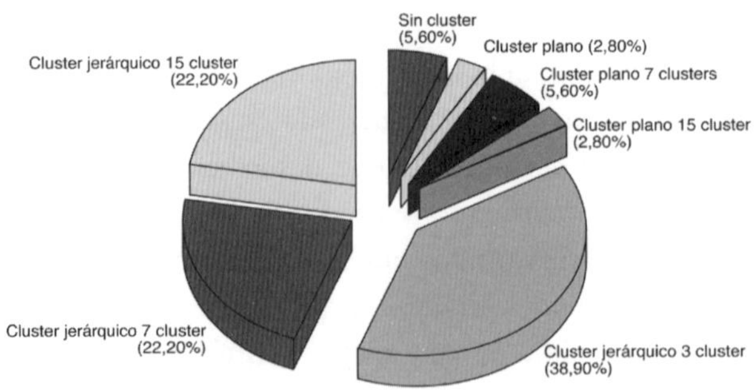

Figura 52: Consultas sin respuesta para cada entorno y número de clusters

Otro dato que nos lleva a la misma conclusión es que para algunas consultas los usuarios no encontraron ningún documento relevante, ocurriendo principalmente en los entornos de clusters jerárquicos (véase el gráfico de la figura 52); en el entorno sin clusters o clusters plano, el porcentaje de consultas sin ninguna respuesta fue muy bajo, mientras que para los entornos jerárquicos fue bastante más alto, llegando a ser del 22,2% para siete y quince clusters.

		1	2	3
Sin cluster		50,0 %	0,0 %	50,0 %
Cluster plano	**3 clusters**	0,0 %	100,0 %	0,0 %
	7 clusters	50,0 %	0,0 %	50,0 %
	15 clusters	100,0 %	0,0 %	0,0 %
Cluster jerárquico	**3 clusters**	71,4 %	21,4 %	7,1 %
	7 clusters	75,0 %	12,5 %	12,5 %
	15 clusters	75,0 %	12,5 %	12,5 %

Tabla 18: Consultas sin respuesta teniendo en cuenta el conocimiento previo del usuario respecto a la consulta. 1 indica que el usuario no conoce absolutamente nada de la consulta 2 indica que el usuario no conoce la respuesta, pero le es familiar3 indica que el usuario conoce algo de la respuesta

Además se analizó si para aquellas consultas que el usuario no encontró ningún documento tenía conocimiento previo del tema de la consulta; como se puede observar en la tabla 18, en el caso de un entorno sin clusters o clusters plano no se puede sacar ninguna conclusión, mientras que en el caso de cluster jerárquico se puede decir que en la mayor parte de los casos en los que el usuario no tenía conocimiento sobre el tema, no encontró ningún documento, quizás motivado porque no podía identificar qué camino o rama podía contener información relevante.

Por tanto, podríamos concluir que, si los usuarios tienen un conocimiento previo de la información que buscan, podría ser mejor utilizar un entorno de clusters jerárquico, y que si no tienen conocimiento, sería mejor utilizar uno de clusters plano.

5.6.3. Evaluación orientada a la experiencia del usuario

A continuación se exponen los resultados obtenidos a partir de la experiencia y las impresiones recogidas de los usuarios.

Además de obtener mejores precisiones con cualquiera de los sistemas que utilizan técnicas de clustering, pudimos observar en el momento de analizar los documentos que los usuarios seleccionaron como documentos pertinentes o relevantes que, con un entorno con cluster, los usuarios encontraban ciertos documentos relevantes que con un entorno sin cluster probablemente nunca encontrarían. Por ejemplo, en varias ocasiones, cuando los usuarios utilizaban un entorno con clusters, seleccionaban como documentos pertinentes documentos que Google devolvió en posiciones muy avanzadas,llegando incluso a determinar como documentos relevantes documentos ofrecidos en la posición 700 u 800; en un entorno sin agrupamientos, estos documentos probablemente nunca serían seleccionados como pertinentes, ya que un usuario ojea como máximo entre los 30 y 50 primeros documentos y, de hecho, en los experimentos realizados, la mayor parte de documentos pertinentes encontrados por los usuarios en un entorno sin cluster estaban entre los 30 primeros documentos devueltos por Google, pocos entre 30 y 60 y en alguna ocasión, se seleccionó como documentos, pertinentes, algún documento devuelto en la posición 80 o 90, pero nunca ninguno de una posición posterior.

Podemos decir que los resultados obtenidos empíricamente son consistentes con las impresiones obtenidas de los usuarios (figura 53 y tabla 19), ya que para el 55,6 % el mejor sistema es un sistema con clusters jerárquico, mientras que un 33,3 % prefiere un sistema de clusters plano y solo un 11,1 % prefiere un sistema sin clusters; y todo ello a pesar de que para el 55,6 % de usuarios, el entorno más fácil de aprender a usar es un entorno sin clusters, siendo el siguiente el de clusters plano con un 27,8 % y un 16,6 % para el de clusters jerárquico.

	sin cluster	plano	jerárquico
Entorno más fácil de aprender a utilizar	55,6 %	27,8 %	16,6 %
Entorno más fácil de utilizar	50,0 %	33,3 %	16,7 %
Mejor entorno	11,1 %	33,3 %	55,6 %

Tabla 19: Opinión recogida de los usuarios respecto a diferentes aspectos de los tres entornos utilizados

Figura 53: Opiniones de los usuarios respecto a diferentes aspectos de los tres entornos utilizados

En cuanto al número de clusters, los datos obtenidos empíricamente también están en consonancia con los datos recogidos de los usuarios, pues la mayor parte de usuarios (un 83,3 %) piensan que el número de clusters sí afecta muchísimo a la hora de realizar las búsquedas y, además, prefieren un número de clusters mayor. Así por ejemplo, solo el 5,5 % de los usuarios prefieren un entorno con tres clusters, mientras que el 44,5 % y el 50,0 % prefieren un entorno con 7 y 15 clusters respectivamente. Esto puede ser debido a que, cuanto mayor sea el número de clusters, la información de cada cluster es más específica y está más relacionada semánticamente y, por tanto, los usuarios, una vez que identifican y seleccionan el cluster adecuado, encuentran información relevante más rápidamente. Un hecho muy significativo es que, a pesar de que el usuario prefiere, y obtiene mejores resultados con un número mayor de clusters, el número de clusters que visita (es decir, clusters en los que busca documentos) no es muy superior en los sistemas en los que se le presentan un mayor número de clusters; en un entorno con tres clusters visita como media 1,5 clusters siendo este valor 1,6 y 1,7 en los entornos con 7 y 15 clusters, respectivamente.

Otro de los objetivos planteados al comienzo de esta investigación fue determinar si el uso de clusters en un sistema de recuperación web basado en un motor de búsqueda podría ayudar a un usuario a descartar documentos irrelevantes. La idea de evaluar este aspecto surgió a partir de la propia experiencia en la utilización de buscadores; al realizar búsquedas con estas herramientas, en muchas ocasiones tenemos disponibles grandes cantidades de páginas o documentos web junto con el snippet, y para determinar si un documento o página web nos puede interesar, leemos el snippet que nos ofrecen; esta acción de revisar cada uno de los snippets puede llevarnos mucho tiempo; si todos los documentos relacionados nos los agrupan dentro de uno o varios clusters, nos permitirá determinar que todos los documentos pertenecientes a un cluster no son válidos, pudiéndolos descartar con el consiguiente ahorro de tiempo. Este aspecto solo lo podíamos evaluar a partir de las impresiones obtenidas de los usuarios, por lo que, en el cuestionario que tenía que rellenar cada uno, se incluyó para cada búsqueda que realizaban una consulta que les preguntaba si la utilización de clusters les ayudaba a descartar documentos. Después de analizar los datos recogidos de los usuarios, pudimos concluir de manera general que, a gran parte de los usuarios (64,55 %), un entorno con clusters ayuda mucho o muchísimo a descartar documentos, mientras que solo a un 10,47 % no les permitió descartar documentos no pertinentes. En el gráfico de la figura 54 y la tabla 20 se puede observar de una manera más detallada la opinión de los usuarios respecto a este aspecto por paradigma y número de clusters.

		nada/ muy poco	algo	mucho/ muchísimo
Cluster plano	3 clusters	22,2 %	22,2 %	55,6 %
	7 clusters	5,6 %	25,0 %	69,4 %
	15 clusters	5,7 %	14,3 %	80,0 %
Cluster jerárquico	3 clusters	11,7 %	32,4 %	55,9 %
	7 clusters	11,8 %	23,5 %	64,7 %
	15 clusters	5,9 %	32,3 %	61,8 %

Tabla 20: Opinión recogida de los usuarios para cada tipo de entorno y número de clusters respecto a la cuestión de si *los entornos con clusters ayudan a descartar documentos irrelevantes*

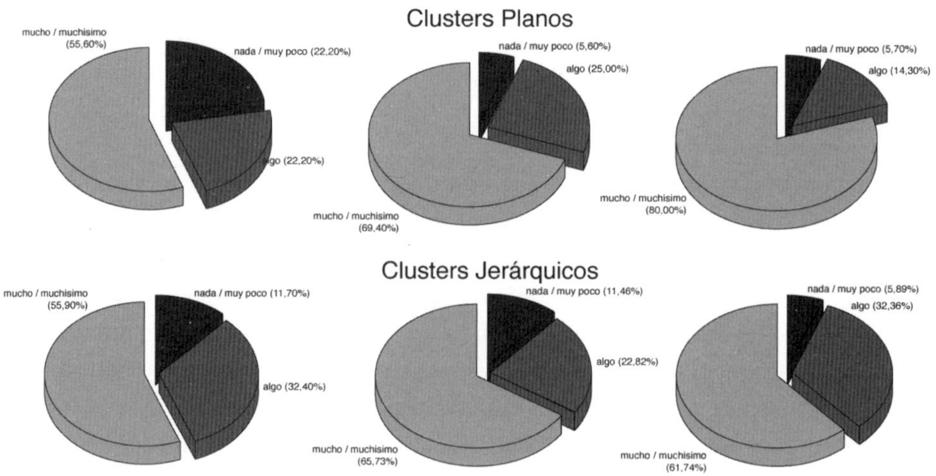

Figura 54: Opinión recogida de los usuarios para cada tipo de entorno y número de clusters respecto a la cuestión si *los entornos con clusters ayudan a descartar documentos irrelevantes*

Otro de los objetivos era evaluar si la forma en la que se han presentado los clusters a los usuarios era la adecuada; para cada cluster se muestra el número de cluster junto con los términos o descriptores que describen el cluster, de esta forma, los usuarios, basándose en los términos que lo describen y sin tener que ojear los documentos que contiene, pueden hacerse una idea de la información que pueden encontrar en ese cluster y determinar si les podría interesar o no. La evaluación de este aspecto solo se podía realizar recogiendo las impresiones de los usuarios; para cada búsqueda, se pedía al usuario que indicara si le había facilitado la tarea el hecho de ofrecerle el conjunto de términos que describían cada cluster. En el gráfico de la figura 55 y la tabla 21 tenemos de manera detallada (para cada paradigma y número de clusters expresada en porcentaje) la experiencia de los usuarios; para una gran parte de usuarios, los términos les habían sido de gran ayuda, y solo a unos pocos no les habían ayudado nada.

		nada/ muy poco	algo	mucho/muchísimo
Cluster plano	3 clusters	14,0 %	30,5 %	55,5 %
	7 clusters	16,7 %	30,5 %	52,8 %
	15 clusters	8,3 %	16,7 %	75,0 %
Cluster jerárquico	3 clusters	25,8 %	37,1 %	37,1 %
	7 clusters	23,5 %	20,6 %	55,9 %
	15 clusters	12,1 %	36,4 %	51,5 %

Tabla 21: Opinión de los usuarios recogida para cada tipo de entorno y número de clusters respecto a la cuestión de si *la forma en la que se han presentado los clusters a los usuarios era la adecuada*

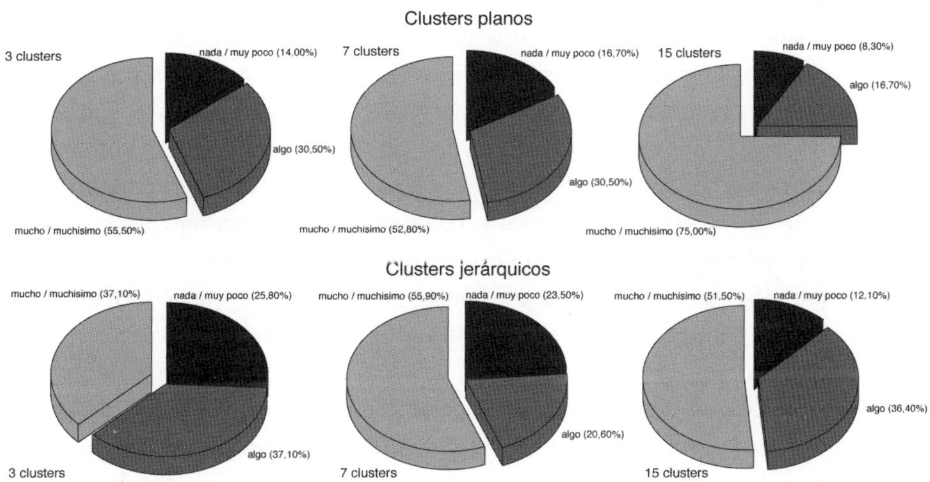

Figura 55: Opinión de los usuarios recogida para cada tipo de entorno y número de clusters respecto a la cuestión de si *la forma en la que se han presentado los clusters a los usuarios era la adecuada*

A pesar de que hay un alto porcentaje de usuarios que piensan que sí les ha ayudado mucho, sería deseable que casi el 100 % de los usuarios se sintiesen satisfechos por lo que esto podría ser un aspecto a mejorar.

5.7. Conclusiones

Las conclusiones que se pueden realizar una vez concluida la investigación y las aportaciones conseguidas son las siguientes:

- Con el crecimiento y evolución de Internet en la última década, los usuarios no consideran adecuadas las herramientas de recuperación de información web utilizadas para las búsquedas, sobre todo si las consultas que plantean no están perfectamente definidas; esta insatisfación se debe principalmente a que los motores de búsqueda muestran los resultados ofreciendo grandes cantidades de páginas ordenadas por relevancia, pero desorganizadas temáticamente, provocando que el usuario, para encontrar información relevante que le permita satisfacer su necesidad de información, tenga que invertir mucho tiempo.

  Las técnicas de clustering pueden ayudar a resolver dicho problema, pero no han sido ampliamente utilizadas debido a la gran cantidad de recursos que necesitan y al tiempo de cálculo que requieren. Por ello, si se quiere aplicar en la RI web, se hace necesario el uso de algoritmos con un tiempo de respuesta aceptable, bajo coste computacional y que ofrezcan resultados óptimos; una herramienta que tiene implementados algoritmos que cuentan con esas características es *CLUstering TOolkit*, que ya ha sido anteriormente utilizada en un entorno controlado y que con el desarrollo de este trabajo podemos afirmar que en un entorno real, y con tanto ruido como es la RI web también ofrece resultados satisfactorios en un tiempo aceptable, aunque los algoritmos con los que se obtienen los mejores resultados en un entorno controlado de laboratorio no son los mismos que aquellos con los que se obtienen los mejores resultados con una evaluación empírica en un entorno real con usuarios.
- Se ha propuesto, definido e implementado un sistema para evaluar la aplicación de técnicas de clustering en la RI web. Es un sistema totalmente abierto y modular, y creemos que la definición e implementación de un sistema de estas características para experimentación es una aportación novedosa e importante, porque, además de permitirnos realizar este trabajo, será una herramienta básica que podremos utilizar en investigaciones futuras en esta área, permitiéndonos testear cualquier otro aspecto relacionado con un coste de implementación muy bajo, en el que solo será necesario reemplazar el nuevo módulo a testear.
- Se ha definido un marco de trabajo práctico para llevar a cabo los experimentos. Dicho marco de trabajo tiene sus bases en otros utilizados para sis-

temas de RI interactivos, pero es totalmente novedoso en esta área y, desde nuestro punto de vista, muy necesario, ya que, en los trabajos relacionados encontrados, realizan los experimentos en entornos muy diversos y utilizando cada uno de ellos métricas diferentes, no encontrando un modo de trabajo común ni adecuado para evaluar estas técnicas de forma empírica con usuarios.

Creemos que el marco de trabajo y el diseño experimental propuesto podrían ser de referencia para otros trabajos en esta área, ya que los buenos resultados obtenidos en nuestros experimentos nos permiten determinar que es adecuado y válido.

- Los experimentos llevados a cabo y la evaluación de los mismos nos han permitido realizar las siguientes afirmaciones sobre diferentes aspectos que no se habían abordado anteriormente en otros trabajos, y que son de gran interés para poder seguir progresando en esta área y mejorando las herramientas de búsqueda web:

  - Con los sistemas de recuperación de información web en los que se utilizan técnicas de clustering para mostrar los resultados agrupados temáticamente, se obtienen resultados más satisfactorios que con los sistemas operacionales actuales, en los que se muestran los resultados como una lista de páginas ordenadas por relevancia, por lo que podemos afirmar que siempre será mejor utilizar un sistema de recuperación de información web con clusters.

    Además, dentro de los diferentes paradigmas, se obtienen mejores resultados si las páginas se ofrecen agrupadas jerárquicamente con varios niveles de anidamiento, es decir, utilizando clusters jerárquicos.
  - El *background* del usuario o conocimiento previo sobre el tema de la consulta, es importante tenerlo en cuenta a la hora de elegir el paradigma a utilizar para mostrar los resultados. Podemos afirmar que con los entornos de clusters jerárquicos se obtienen mejores resultados si el usuario tiene un conocimiento previo sobre el tema del que busca información, pero si el usuario no conoce absolutamente nada de la información que busca es probable que con este paradigma no llegue a encontrar ningún documento relevante, siendo en este caso recomendable utilizar un entorno que muestre los resultados con un paradigma plano.

- El número de clusters también es un parámetro que afecta en los resultados, y se puede confirmar que se obtienen resultados más satisfactorios cuanto mayor es el número de clusters, ya que la información es más específica en cada grupo y, aunque el usuario en un principio invierta más tiempo para localizar los clusters con la información que le interesa, una vez localizados, la información está más relacionada y obtendrá más páginas pertinentes en menos tiempo.
- La utilización de clusters facilita que los usuarios accedan a resultados o páginas que con un sistema sin clusters nunca visitarían, debido a que son páginas que están en posiciones muy avanzadas y los usuarios no examinan más de los 30 o 40 primeros resultados.
- La utilización de descriptores o términos que describen los clusters es muy importante, ya que, de un solo vistazo, el usuario podría descartar clusters que no le interesan.

De forma resumida, podríamos decir que con este trabajo se ha definido y desarrollado un sistema de experimentación, y se ha propuesto un marco de trabajo experimental que nos han permitido testear la aplicación de técnicas de clustering en el área de la recuperación de información web, concluyendo que sería muy beneficioso que se incorporaran dichas técnicas en los motores de búsqueda web, obteniendo los mejores resultados con las técnicas de clustering que permiten visualizar los agrupamientos o clusters de forma jerárquica y con un alto número de clusters. Sería deseable que en el momento de realizar la consulta, el usuario pudiese elegir la forma en que se le mostrarán los agrupamientos, porque, como ya se ha expuesto, si el usuario no tiene conocimiento previo sobre el tema, puede que fuese más ventajoso para él que se le muestre la información agrupada en un único nivel de anidamiento.

Apéndice A

PALABRAS VACÍAS

a
aca
ademas
ahi
ahora
al
algo
algun
alguna
algunas
alguno
algunos
alla
alli
ante
antes
aparte
apenas
aquel
aquella
aquellas
aquello
aquellos
aquí
asi
aun
aunque
bajo
bastante
bien
botones
bueno
bullet buttons
cabe
casi
catorce
cerca
cien
ciento
cientos
cierto
cinco
cincuenta
com
como
con
conmigo
consigo
contigo
contra
cual
cuales
cualesquier
cualesquiera
cualquier
cualquiera
cuando
cuanta
cuantas
cuanto
cuantos
cuarenta
cuarto
cuatro
cuya
cuyas
cuyo
cuyos
de
debajo
decimo
del
delante
demasiado
dentro
der
desde
despues

detras
diecinueve
dieciocho
dieciseis
diecisiete
diez
doce
donde
dos
durante
e
el
ella
ellas
ello
ellos
embargo
en
encima
endobj
endstream
endstreamenobj
enseguida
entonces
entre
esa
esas
ese
eso
esos
esta
estas
este
esto
estos
flag
flags
frente
fuera
gif
hacia
hasta
hoy
html
http
ico
icon
iconos
image
img
imgs
incluso
inf
izq
jamas
jpg
junto
la
las
le
lejos
lo
los
luego
mail
malo
manera
mañana
mas
me
menos
menu
mi
mia
mientras
mil
miles
millon
millones
mio
mis
misma
mismas
mismo
mismos
momento
mucha
muchas
mucho
muchos
muy
nadie
ni
ninguna
ningunas
ninguno
ningunos
no
nos
nosotras
nosotros
noventa
nuestra
nuestras
nuestro
nuestros
nueve
nunca
o
obj
ochenta
ocho
octavo
once

ora
org
os
otra
otras
otro
otros
para
parte
peor
pero
pics
pixel
poca
pocas
poco
pocos
por
porque
primero
principio
pronto
pues
puesto
que
quien
quienes
quince
quinto
quiza
quizas
repente
se
sea
según
segundo
seis
septimo
sesenta
setenta
si
siempre
siete
sin
sino
so
sobre
solo
stream
style
styles
su
sup
sus
suya
suyas
suyo
suyos
tal
tales
tambien
tampoco
tan
tanta
tantas
tanto
tantos
tarde
te
tercero
ti
toda
todas
todavia
todo
todos
tras
traves
trece
treinta
tres
tri
tu
tus
tuya
tuyas
tuyo
tuyos
un
una
unas
uno
unos
usted
ustedes
veinte
vez
vosotras
vosotros
vuestra
vuestras
vuestro
vuestros
y
ya
yimg
yo
www

Apéndice B

CONSULTAS

- **Consulta:** empresas y/o software para recuperar información de un disco duro.
  Términos: recuperación información.
- **Consulta:** ¿dónde está la formación rocosa brecha de rolando?
  Términos: formación brecha rolando.
- **Consulta:** ¿qué hay que ver en Córdoba (España)?. Información de alojamiento, monumentos, turismo ...
  Términos: turismo Córdoba.
- **Consulta:** ¿qué es ETA Carinae?
  Términos: ETA.
- **Consulta:** tecnologías de cluster para la recuperación de información y servidores ante desastres.
  Términos: recuperación información cluster.
- **Consulta:** biografía del presidente de gobierno español actual.
  Términos: biografía presidente gobierno español.
- **Consulta:** lengua que se habla en la isla de java.
  Términos: lengua java.
- **Consulta:** prácticas en empresa que realizan o pueden realizar los alumnos de la UPSA (Universidad Pontificia de Salamanca).
  Términos: prácticas empresa upsa.
- **Consulta:** masters o cursos de postgrado que se imparten en la UPSA (Universidad Pontificia de Salamanca).
  Términos: upsa postgrado.
- **Consulta:** descripción e información del palacio real de Madrid.
  Términos: descripción palacio real madrid.
- **Consulta:** biografía del ministro de Economía de España en el año 2004.
  Términos: biografía ministro Economía España 2004.

- **Consulta:** tuareg. Marca del vehículo, así como sus características, prestaciones, precio ...
  Términos: coche tuareg.
- **Consulta:** ¿qué hay que ver en Mérida (España)? Información de alojamiento, monumentos, turismo ...
  Términos: Mérida turismo.
- **Consulta:** ¿dónde se puede estudiar húngaro?
  Términos: estudiar húngaro.
- **Consulta:** características, prestaciones, precio,... de los vehículos de usuario Ferrari (NO los de fórmula 1).
  Términos: Ferrari.
- **Consulta:** información sobre el pico Almanzor (Gredos). Fotos, rutas...
  Términos: Almanzor.
- **Consulta:** ¿qué es ISO (Infrared Space Observatory)?
  Términos: ISO.

Apéndice C

CUESTIONARIO

CUESTIONARIO INICIAL

Responde a las siguientes preguntas

Profesión/Titulación:
Sexo:
Edad:
¿Cuántos años llevas usando sistemas de búsquedas online?

Indica la respuesta señalándola con un círculo

Qué experiencia tienes en:	**Nada**		**Algo**		**Mucha**
Usar interfaces gráficas	1	2	3	4	5
Realizar búsquedas en servicios de búsqueda en la Web	1	2	3	4	5

	Nunca	**1 o 2 veces al año**	**1 o 2 veces al mes**	**1 o 2 veces a la semana**	**1 o 2 veces al día**
Con qué frecuencia realizas búsquedas de cualquier tipo: Web, catálogos ...	1	2	3	4	5

	Nada		Algo		Mucho
Me divierte realizar búsquedas de información	1	2	3	4	5

CUESTIONARIO PARA CADA BÚSQUEDA O CONSULTA

Consulta número:
Sistema:
Número clusters:

Consulta:

URL:

Responde a la siguiente cuestión ANTES de comenzar a realizar la búsqueda

Indica con un círculo si la respuesta a la consulta es familiar para ti:

1. Ni idea.

2. No conozco la respuesta, pero me es familiar.

3. Conozco algo de la respuesta.

Responde a la siguiente cuestión MIENTRAS realizas la búsqueda por los documentos.

- Indica los documentos en los que encontraste información relevante o pertinente y que dan respuesta a la consulta.

Responde señalando con un círculo las siguientes cuestiones una vez que hayas TERMINADO la búsqueda.

	No, en absoluto		Algo		Muchísimo
Ahora te es más familiar la respuesta a la consulta.	1	2	3	4	5
Ha sido sencillo buscar respuestas a esta consulta.	1	2	3	4	5
Estás satisfecho con los resultados de la búsqueda.	1	2	3	4	5
Has tenido tiempo suficiente para realizar una búsqueda efectiva.	1	2	3	4	5
El conocimiento previo que tenías sobre la consulta te ha ayudado a encontrar respuestas (responde solo si tenías conocimiento previo).	1	2	3	4	5

Responde a las siguientes cuestiones SOLO si has utilizado un sistema con clusters.

	No, en absoluto		Algo		Muchísimo
Te han ayudado mucho los términos que describen cada cluster a realizar la búsqueda.	1	2	3	4	5
La estructura en árbol te ha ayudado a realizar la búsqueda.	1	2	3	4	5
El listado de documentos del árbol te ha ayudado a realizar la búsqueda.	1	2	3	4	5
Los clusters te han ayudado a descartar documentos no válidos.	1	2	3	4	5

CUESTIONARIO PARA CADA SISTEMA

Sistema:

Para responder a las siguientes cuestiones considera la experiencia que acabas de tener con el sistema:

	No, en absoluto		Algo		Muchísimo
Fue fácil aprender a utilizar este sistema.	1	2	3	4	5
Fue fácil utilizar este sistema	1	2	3	4	5
Fue sencillo buscar respuestas con este sistema	1	2	3	4	5
Encontré buenas respuestas a las preguntas	1	2	3	4	5

Indica (**sólo si es un sistema con clusters**) con qué número de clusters encontraste mejor las respuestas (escribe **1 para el mejor y 3 para el peor**).

- 3 clusters:
- 7 clusters:
- 15 clusters:

Indica cualquier otro comentario que quieras hacer referente a este sistema.

CUESTIONARIO FINAL

Para responder a estas consultas ten en cuenta todos los sistemas utilizados.

	No, en absoluto		Algo		Muchísimo
¿Encontraste esta tarea de búsqueda similar a otras tareas de búsqueda que realizas habitualmente?	1	2	3	4	5
¿Encontraste el primer sistema (sin cluster) muy diferente a los otros dos?	1	2	3	4	5
El número de clusters afectaba a la hora de realizar las búsquedas.	1	2	3	4	5

Señala con una cruz la respuesta más adecuada.

	Sin cluster	Cluster plano	Cluster jerárquico
¿Cuál de los tres sistemas te pareció más fácil de aprender a usar?			
¿Cuál de los tres sistemas te pareció más fácil de usar?			
En general, ¿cuál de los tres sistemas te pareció mejor?, ¿con cuál obtuviste mejores resultados?			

En general, encontré mejor las respuestas con:

- 3 clusters
- 7 clusters
- 15 clusters

¿Qué te gustó de cada sistema?

¿Qué te disgustó de cada sistema?

Por favor, indica cualquier otro comentario que quieras hacer de manera general con respecto a tu experiencia de búsqueda.

Bibliografía

[1] *Documentación. Tomo 2. Normas fundamentales.* AENOR. Asociación Española de Normalización y Certificación, 1997.

[2] Agrawal, R. and Bayardo, R. and Srikant, R. Athena: Mining-Based Interactive Management of Text Databases. *7th International Conference on Extending Database Technology*, pages 365-379, 2000.

[3] Allen, R. B. and Obry, P. and Littman, M. An interface for navigating clustered document sets returned by queries. *Proceedings of the ACM Conference on Organizational Computing Systems*, pages 166-171, 1993.

[4] Baeza-Yates, R. Desenredando la madeja. *Novatica*, 72-77, 2000.

[5] Baeza-Yates, R. and Castillo, C. and López, V. Características de la Web de España. *El profesional de la información*, 15:6-17, 2006.

[6] Baeza-Yates, R. and Ribeiro-Neto, B. *Modern Information Retrieval.* ACM PRESS, 1999.

[7] Belkin, N. and Croft, B. Information filtering and information retrieval: two side of a same coin?. *Comunications of the ACM*, 35(12):29-38, 1992.

[8] Belkin, N. and Croft, W. Retrieval Techniques. *Annual Review of Information Science and Technology*, 22(4):109-145, 1987.

[9] BenShaul, I. and Herscovici, M. and Jacovi, M. and Maaerek, Y. and Pelleg, D. and Shtalhaim, M. and Soroka, V. and Ur, S. Adding support for dynamic and focussed search with Fetuccino. *8th International Conference on World Wide Web*, pages 575-588, 1999.

[10] Berkhin, P. Survey Of Clustering Data Mining Techniques. Technical report, Accrue Software, 2002.

[11] Berry, M. W. and Dumais S. T. and Letsche T. A. Computational methods for intelligent information access. *ACM/IEEE Conference on Supercomputing*, 1995. ACM Press.

[12] Bharat, K. and Henzinger, M. Improved algorithms for topic distillation in hyperlinked environments. *SIGIR-98, 21st ACM International Conference on Research and Development in Information Retrieval*, 104-111, 1998.

[13] Boley, D. Principal Direction Divisive Partitioning. *Data Mining Knowledge Discovery*, 2(4):325-344, 1998.

[14] Bowman, C. and Danzing, P. and Hardy, D. and Manber, U. and Schwartz, M. The Harvest information discovery and access system. *Computer Networks and ISDN Systems*, 28(1-2):119-125, 1995.

[15] Brake, D. Lost in cyberspace. *New Scientist Magazine*, 1997.

[16] Brin, S. and Page, L. The anatomy of a large-scale hypertextual Web search engine. *Computer Networks and ISDN Systems*, 30(1-7):107-117, 1998.

[17] Broder, A. and Glassman, S. and Manasse, M. and Zweig, G. Syntactic clustering of the Web. *6th International Conference on World Wide Web*, pages 1157-1166, 1997. Elsevier Science Publishers Ltd.

[18] Brookstein, A. and Klein, T. and Ratia, T. Detecting Content Bearing Words by Serial Clustering. *18th Annual International ACM SIGIR Conference on Research and Development in Information Retrieval*, pages 319-327, 1995. ACM Press.

[19] Buckley, C. and Singhal, A. and Mitra, M. and Salton, G. New retrieval approaches using SMART: TREC 4. *TREC-4, 4th Text Retrieval Conference*, pages 25-48, 1996.

[20] Chakrabarti, S. *Mining the Web: discovering knowledge from hypertext data.* Morgan Kaufmann, 2003.

[21] Chandrasekaran, R. Portals offer one-stop surfing on the Net. *Int. Herald Tribune*, 19-21, 1998.

[22] Cleverdon, C. The significance of the Cranfield Tests on Index Languages. *14th Annual International ACM/SIGIR Conference on Research and Development in Information Retrieval*, pages 3-12, 1991. ACM Press.

[23] Cleverdon, C. and Keen, E. Factors determining the performance of indexing systems. Volume II: Test Results. *ASLIB Cranfield Research Project, Cranfield, England*, 1966.

[24] Cleverdon, C. and Mills, J. and Keen, E. Factors determining the performance of indexing systems. Volume I: Design. *ASLIB Cranfield Research Project, Cranfield, England*, 1966.

[25] Coffman, E. and Liu, Z. and Weber, R. Optimal robot scheduling for Web search engines. Technical report, INRIA, 1997.

[26] Cole, R. M. Clustering with genetic algorithms. Master's thesis, Department of Computer Science, University of Western Australia, 1998.

[27] Croft, W. B. *Organizing and searching large files of documents*. PhD thesis, University of Cambridge, 1978.

[28] Cui, H. and Zaïane O. R. Hierarchical structural approach to improving the browsability of Web search engine results. *Workshop on Digital Libraries (DLib'2001)*, pages 956-960, 2001.

[29] Cutting, D. R. and Karger, D. R. and Pedersen, J. O. Constant interaction-time Scatter/Gather browsing of large documents collections. *Proceedings of the Sixteenth Annual International ACM SIGIR Conference on Research and Development in Information Retrieval*, pages 126-135, 1993.

[30] Cutting, D. R. and Karger, D. R. and Pedersen, J. O. and Tukey, J. W. Scatter/Gather: a cluster-based approach to browsing large document collections. *Proceedings of the Fifteenth Annual International ACM SIGIR Conference on Research and Development in Information Retrieval*, pages 318-329, 1992.

[31] Deerwester, S. and Dumais, S. and Furnas, G. and Landauer, T. and Harshman, R. Indexing by Latent Semantic Analysis. *Journal of the Society for Information Science*, 6(41):391-407, 1990.

[32] Didier, D. and Prade, H. and Yager, R. and Dubois, M. *Reading in Fuzzy Sets for Intelligent Systems*. Morgan Kaufmann Publishers Inc., 1993.

[33] Domel, P. Webmap: a graphical hypertext navigation tool. *Computer Networks and ISDN Systems*, 28(1-2):85-97, 1995.

[34] Dominich, S. A unified mathematical definition of classical information retrieval. *Journal of the American Society for Information Science*, 51(7):614-624, 2000.

[35] Durand, D. and Kahn, P. MAPA: a system for inducing and visualizing hierarchy in Websites. *9th ACM Conference on Hypertext and Hypermedia: links, objects, time and space--structure in hypermedia systems*, pages 66-76, 1998. ACM Press.

[36] eXtensible Markup Language. http://www.w3.org/XML/.

[37] eXtensible Stylesheet Language Transformation. http://www.w3.org/TR/xslt.

[38] Fasulo, D. An Analysis of recent work on clustering algorithms. Technical report, 01-03-02, Departament of Computer Science and Engineering, University of Washington, 1999.

[39] Ferragina, P. and Gulli, A. A personalized search engine based on Web-snippet hierarchical clustering. *WWW'05 14th International Conference on World Wide Web*, pages 801-810, New York, NY, USA, 2005. ACM Press.

[40] Figuerola, C. G. and Alonso Berrocal, J. L. and Zazo Rodríguez, A. Diseño de un motor de recuperación de información para uso experimental y educativo. *BID - Textos universitaris de bibliotecomia i documentació*, 4, 2000.

[41] Figuerola, C. G. and Zazo Rodriguez, A. and Alonso Berrocal, J. L. and Rodríguez, E. Un motor de búsqueda para la investigación experimental en Recuperación de la Información. *IBERSID*, 2003.

[42] Fisher, I. and Murphy Smith, L. The role for Web search engines. *CPA Journal*, 2000.

[43] Furnas, G. and Deerwester, S. and Dumais, S. and Landauer, T. and Harshman, R. and Streeter, L. and Lochbaum, K. Information Retrieval using a singular value decomposition model of latent semantic structure. *11th annual international ACM SIGIR Conference on Research and Development in Information Retrieval*, pages 465-480, 1988. ACM Press.

[44] Furnas, G. and Landauer, T. and Gomez, L. and Dumais, S. Statistical semantics: analysis of the potential performance of keyword information systems. *Human factors in computer systems*, 187-242, 1984.

[45] Giannotti, F. and Nanni, M. and Pedreschi, D. and Samaritani F. WebCat: automatic categorization of Web search results. *SEBD03*, pages 507-518, New York, NY, USA, 2003. ACM Press.

[46] Golub, G. and Van Loan, C. *Matrix computation.* Johns Hopkins University Press, 1990.

[47] Gonzalo, J. and Oard, D. iCLEF 2004 Track Overview: interactive cross-language question answering. *CLEF*, pages 310-322, 2004.

[48] Gudivada, V. and Raghavan, V. and Grosky, W. and Kasanagottu, R. Information Retrieval on the World Wide Web. *IEEE Internet Computing*, 1(5):58-68, 1997.

[49] Han, E. and Karypis, G. and Kumar, V. and Mobasher B. Clustering in a High-Dimensional Space Using Hypergraph Models. Technical report, Departament of computer science and engineering, University of Minnesota, 1997.

[50] Hawking, D. and Craswell, N. and Thistlewaite, P. and Harman, D. Results and challenges in Web search evaluation. *8th. International Conference on World Wide Web*, pages 1321-1330, 1999. Elsevier North-Holland, Inc.

[51] He, A. and Ding, C. and Zha, H. and Simon, H. Automatic topic identification using webpage clustering. *2001 IEEE International Conference on Data Mining*, pages 195-201, 2001. IEEE Computer Society.

[52] He, J. and Tan, A. and Tan, C. and Sung, S. *On quantitative evaluation of clustering systems*, chapter 4, pages 105-133. Kluwer Academic Publishers, 2003.

[53] He, Q. A review of clustering algorithms as applied in IR. Technical report, University of Illinois at Urbana-Champaign, 1999.

[54] Hearst, M. *Modern Information Retrieval*, chapter User Interfaces and visualization, pages 257-323. ACM Press, 1999.

[55] Hearst, M. A. and Karadi, C. Cat-a-Cone: an interactive interface for specifying searches and viewing retrieval results using a large category hierarchy. *20th Annual International ACM/SIGIR Conference*, 1997.

[56] Hearst, M. A. and Pedersen, J. O. Reexamining the cluster hypothesis: Scatter/Gather on retrieval results. *Proceedings of the 19th Annual International ACM SIGIR Conference on Research and Development in Information Retrieval*, pages 76-84, 1996.

[57] Hersh, W. and Over, P. TREC-9 Interactive track report. *Text REtriveval Conference*, 2001.

[58] Hersovici, M. and Jacovi, M. and Maarek, Y. and Pelleg, D. and Shtalhaim, M. and Ur, S. The shark-search algorithm. An application: tailored Web site mapping. *7th International Conference on World Wide Web*, pages 317-326, 1998.

[59] Hoon, M. and Imoto, S. and Nolan, J. and Miyano, S. Open source clustering software. *Bioinformatics*, 20(9):1453-1454, 2004.

[60] Howe, A. and Dreilinger, D. Savvysearch: a metasearch engine that learns which search engines to query. *AI Magazine*, 18(2):19-25, 1997.

[61] Huberman, B. and Lukose, R. Social dilemmas and Internet congestion. *Science*, 535-537, 1997.

[62] Huberman, B. and Pirolli, P. and Pitkow, J. and Lukose, R. Strong regularities in World Wide Web surfing. *Science*, 95-97, 1998.

[63] Jain, A. K. and Murty, M. N. and Flynn, P. J. Data clustering: a review. *ACM Computing Surveys*, 31(3):264-323, 1999.

[64] Kahle, B. Archiving the Internet. 1997.

[65] Karypis, G. Cluto. A Clustering Toolkit. Technical report, Departament of Computer Science. University of Minnesota, 2003.

[66] Kaufman, L. and Rousseeuw, P. *Finding groups in data: an introduction to cluster analysis*. John Wiley and Sons, Inc., 1990.

[67] Kleinberg, J. Authoritative sources in a hyperlinked environment. *9th Annual ACM-SIAM Symposium on Discrete Algorithms*, pages 668-677, 1998. Society for Industrial and Applied Mathematics.

[68] Kobayashi, M. and Takeda, K. Information Retrieval on the Web. *ACM Computing Surveys*, 32(2):144-172, 2000.

[69] Kontostathis, A. and Pottenger W. M. A framework for understanding Latent Semantic Indexing. *Information Processing and Management*, 42(1):56-73, 2006.

[70] Korfhage, R. *Information Storage and Retrieval.* John Willey & Sons, Inc., 1997.

[71] Kummamuru, K. and Lotlikar, R. and Roy, S. and Singal, K. and Krishnapuram, R. A hierarchical monothetic document clustering algorithm for summarization and browsing search results. *WWW'2004 13th International Conference on World Wide Web*, pages 658-665, New York, NY, USA, 2004. ACM Press.

[72] Lang, R. and Stacey, P. Speed up your Internet searches. *Ocupational Hazards*, 44-46, 2001.

[73] Lawrence, S. and Giles, C. Inquirus, the "NECI" meta search engine. *7th International Conference on World Wide Web*, pages 95-105, 1998. Elsevier Science Publishers B. V.

[74] Leouski, A. V. and Croft, W. B. An evaluation of techniques for clustering search results. Technical report, IR-76, Departament of Computer Science, Univesity of Massachusetts, Amherst, 1996.

[75] Letsche, T. A. and Berry, M. W. Large-scale Information Retrieval with Latent Semantic Indexing. *Information Sciences*, 100(1-4):105-137, 1997.

[76] Lin, K. and Kondadadi, R. A word-based soft clustering algorithm for documents. *16th International Conference on Computers and their Applications*, 2001.

[77] Luhn, H. The automatic creation of literature abstracts. *IBM Journal of Research and Development*, 2(2):159-165, 1958.

[78] Maarek, Y. S. and Ben Shaul, I. Z. Automatically organizing bookmarks per contents. *5th International Coference World Wide Web Conference*, 1996.

[79] Maarek, Y. S. and Fagin, R. and Ben-Shaul, I. Z. and Pelleg, D. Ephemeral document clustering for Web applications. Technical report, IBM Research Report, 2000.

[80] Manber, U. and Smith, M. and Gopal, B. WebGlimpse: combining browsing and searching. *USENIX Technical Conference*, pages 195-206, 1997.

[81] Manber, U. and Wu, S. GLIMPSE: a tool to search through entire file systems. *USENIX Technical Conference*, pages 23-32, 1994.

[82] Martínez, F. J. *Propuesta y desarrollo de un modelo para la evaluación de la recuperación de información en Internet.* PhD thesis, Departamento de Información y Documentación, Universidad de Murcia, 2002.

[83] McQueen, J. Some methods for classifications and analysis of multivariate observations. *5th Berkely Symposium on Mathematical Statistics and Probability*, pages 281-297, 1967.

[84] Memarsadeghi, N. and Mount, D. M. and Netanyahu N. S. and Moigne J. L. A fast implementation of the ISODATA clustering algorithm. *International Journal of Computational Geometry and Applications*, 2006.

[85] Navarro, G. *Approximate Text Searching.* PhD thesis, Departament of Computer Science, University of Chile, 1998.

[86] Navarro, G. and Baeza-Yates, R. Recuperación de información: algoritmos, estructuras de datos y aplicaciones en la Web. Curso, Universidad de Chile, 2000.

[87] Ogawa, Y. and Morita, T. and Kobayashi, K. A fuzzy document retrieval system using the keyword connection matrix and a learning method. *Fuzzy Sets and Systems*, 39(2):163-179, 1991.

[88] Peña, R. and Baeza-Yates, R. and Rodríguez, J. *Gestión digital de la información: de bits a bibliotecas digitales y la Web.* Ra-ma, 2002.

[89] Raghavan, V. and Wang, G. and Bollmann, P. A critical investigation of recall and precision as measures of retrieval system performance. *ACM Transactions on Office and Information Systems*, 7(3):205-229, 1989.

[90] Robertson, S. and Sparck-Jones, K. Relevance weighting of search terms. *Journal of the American Society for Information Science*, 27(3):129-146, 1976.

[91] Salmeron, J. L. and Bueno, S. and Luna, P. Localización de información en motores de búsqueda en Internet. Análisis de efectividad. *Economía Industrial*, 4(346):173-182, 2002.

[92] Salton, G. *The SMART Retrieval System - Experiments in Automatic Document Processing.* Prentice Hall Inc., 1971.

[93] Salton, G. and Buckley, C. Term-Weighting Approaches in Automatic Text Retrieval. *Information Processing and Management*, 24(5):513-523, 1988.

[94] Salton, G. and Fox, E. and Wu, H. Extended boolean information retrieval. *Comunications of the ACM*, 26(11):1022-1036, 1983.

[95] Salton, G. and Lesk, M. Computer evaluation of indexing and text processing. *Journal of the ACM*, 15(1):8-36, 1968.

[96] Salton, G. and McGill, M. *Introduction to Modern Information Retrieval.* McGraw-Hill, 1983.

[97] Salton, G. and Yang, C. On the specification of term values in automatic indexing. *Journal of Documentation*, 29:351-372, 1973.

[98] Salton, G. and Yang, C. and Yu, C. A theory of term importance in automatic text analysis. *Journal of the American Society for Information Science and Technology*, 26(1):33-44, 1975.

[99] Savaresi, S. and Boley, D. On the performance of bisecting K-means and PDDP. *First Siam International Conference on Data Mining*, pages 1-14, 2001.

[100] Savaresi, S. and Boley, D. and Bittanti, S. and Gazzaniga, G. Cluster selection in divisive clustering algorithms. *Second Siam International Conference on Data Mining*, pages 299-314, 2002.

[101] Schütze, H. and Silverstein, C. Projections for efficient document clustering. *20th Annual ACM SIGIR Conference on Research and Development in Information Retrieval*, 1997.

[102] Shaw, W. and Burgin, R. and Howell, P. Performance standards and evaluations in IR test collections: cluster-based retrieval models. *Information Processing and Management: an International Journal*, 33:1-14, 1997.

[103] Shivakumar, N. and García-Molina, G. Finding near-replicas of documents on the Web. *Workshop on World Wide Web and Databases (WebDB'98)*, 1998. LNCS.

[104] Silverstein, C. and Pedersen, J. O. Almost-constant time clustering of arbitrary corpus subsets. *Proceedings of the 20th Annual International ACM SIGIR Conference on Research and Development in Information Retrieval*, pages 60-66, 1997.

[105] Sparck-Jones, K. A Statistical Interpretation of Term specificity and its applications in retrieval. *Journal of Documentation*, 28(1):11-20, 1972.

[106] Steinbach, M. and Karypis, G. and Kumar, V. A comparison of document clustering techniques. Technical report, Department of Computer Science and Engineering, 2000.

[107] Tague-Sutcliffe, J. Measuring the informativeness of a retrieval process. *15th Annual International ACM SIGIR Conference on Research and Development in Information Retrieval*, pages 23-36, 1992. ACM Press.

[108] Van-Rijsbergen, C. J. *Information Retrieval*. Butterworths, 1979.

[109] Villena-Román, J. Sistemas de Recuperación de Información [En línea]. Technical report, Departamento de Ingeniería Sistemas Telemáticos. Universidad de Valladolid, 1997.

[110] Wilkinson, R. and Hingston, P. Using the cosine measure in a neural network for document retrieval. *14th ACM SIGIR Conference on Research and Development in Information Retrieval*, pages 202-210, 1991. ACM Press.

[111] Wong, S. and Ziarko, W. and Wong, P. Generalized vector space model in information retrieval. *8th annual international ACM SIGIR Conference on Research and Development in Information Retrieval*, pages 18-25, 1985.

[112] Yolis, E. Algoritmos genéticos aplicados a la categorización automática de documentos. Master's thesis, Facultad de Ingeniería, Universidad de Buenos Aires, 2003.

[113] Yu, C. and Cuadrado, J. and Ceglowski, M. and Scott, J. Patterns in Unstructured Data: discovery, aggregation and visualization. Web, 2003.

[114] Yuwono, B. and Lee, D. Search and ranking algorithms for locating resources on the World Wide Web. *International Conference on Data Engineering*, pages 164-171, 1996.

[115] Zamir, O. and Etzioni, O. Grouper: a dynamic clustering interface to Web search results. *Computer Networks (Amsterdam, Netherlands: 1999)*, 31(11-16):1361-1374, 1999.

[116] Zamir, O. and Etzioni, O. Web document clustering: a feasibility demonstration. *21st Annual International ACM SIGIR Conference on Research and Development in Information Retrieval*, pages 46-54, 1998. ACM Press.

[117] Zamir, O. and Etzioni, O. and Madani, O. and Karp, R. M. Fast and intuitive clustering of Web documents. *KDD*, pages 287-290, 1997.

[118] Zazo, A. *Técnicas de expansión en los sistemas de recuperación de información.* PhD thesis, Departamento de Informática y Automática, Universidad de Salamanca, 2003.

[119] Zhang, B. Generalized K-Harmonic Means - Dynamic weighting of data in unsupervised learning. *First SIAM International Conference on Data Mining*, 2001.

[120] Zhao, Y. and Karypis G. Empirical and theorical comparisons of selected criterion functions for document clustering. *Kluwer Academic Publishers*, 2004.

[121] Zhao, Y. and Karypis G. Evaluation of hierarchical clustering algorithms for document datasets. *CIKM '02: 11 International Conference on Information and Knowledge Management*, pages 515-524, 2002. ACM Press.

[122] Zhao, Y. and Karypis, G. Criterion functions for document clustering. Experiments and analysis. Technical report, Departament of Computer Science. University of Minnesota, 2002.

[123] Zhao, Y. and Karypis, G. Hierarchical clustering algorithms for document datasets. *Data Mining and Knowledge Discovery*, 10:141-168, 2005.